Ideas for Up & Arrangement

62 styles
Design & Recipe Sample Book

アップ・アレンジの アイデア手帖

全62スタイルの
デザイン＆レシピ見本帖

ロープ編み	くるりんぱ＋α
編みおろし	おだんご＋α
編み込み＋α	ローウエイト
アシンメトリー	ハイウエイト

8つのキーワードでバリエーション無限大！

女性モード社

まとめ髪のレパートリーがもっと広がる！
全62スタイルのデザイン＆レシピ見本帖

「たくさんのアレンジスタイルの実例を見たい」「アップヘアのつくり方を詳しく知りたい」「人気のスタイルに使われている技術を知りたい」——これらの要望に応え、アップ・アレンジを総復習できる1冊。それが本書『アップ・アレンジのアイデア手帖』です。

撮りおろし企画に、『セット＆アップ ビューティ』シリーズ、『エッジィカラー＆リアルパーマのまとめ髪』の掲載分を加えた、62のまとめ髪デザインとレシピをご紹介します。
成人式・卒業式向けの和装ヘアを中心に、洋装のパーティヘア、ゆかた髪など、幅広いシチュエーションに対応。アップ・アレンジのスキルアップにつながるヒントがたくさん詰まっています。

アイデアがどんどんふくらみ、アップ・アレンジがもっと楽しくなる——この本がそのきっかけになれば幸いです。

Contents 🎀

Introduction

人気スタイルから導く 8つのデザインキーワード

成人式・卒業式のまとめ髪やパーティヘア、ゆかた髪など、アップ・アレンジヘア全体の傾向を、近年の読者の反響や人気投票をもとに分析。そこから見えてきたのは、次の8つのデザインキーワードです。

8つのキーワード、それぞれの注目ポイントをチェック！

人気スタイルで頻出するキーワードはこの8つ！

1 ロープ編み（＆ツイスト）

2 編みおろし（＆ポニーテール）

3 編み込み＋α

4 アシンメトリー

5 くるりんぱ＋α

6 おだんご＋α

7 ローウエイト

8 ハイウエイト

組み合わせの工夫で シンプルな技術をプロ仕様に

8つのワードを見てみると、いずれもごくシンプルなものばかり。簡単な技術やデザインを上手に組み合わせ、セクションごとに工夫してとり入れることで、お客さまに支持されるスタイルになり得る。

1 ロープ編み（＆ツイスト）

ここ数年、目立って頻繁に使われているのが、「ロープ編み」または「ツイスト編み」。髪をねじって留める、2本の毛束をねじって交差させる、といったテクニックは、やわらかい質感や立体感を出すのに適している。ねじった毛束の引き出し方や、ほかのデザイン要素との組み合わせ方が、仕上がりの洗練度を高めるポイントとなる。

Check!
□ さまざまな方向から引き出して立体感アップ
□ 三つ編みと組み合わせてデザインに変化を

2 編みおろし（＆ポニーテール）

こなれアレンジの代表格と言える「編みおろし」と、髪を一束にするデザインである「ポニーテール」。2つに共通するのは、質感表現が決め手になること。「ほぐし」や「くずし」のほか、仕込みで波巻きにする、ツヤ感のあるスタイリング剤で仕上げるなどの質感調整により、さまざまな女性像が表現できる。

Check!
□ 仕込みには、求める質感に合ったスタイリング剤を
□ テール部分は、「巻き足し」や「ヘアアクセ使い」で表情豊かに

4

3 編み込み＋α

定番の編み込みこそ、美容師の腕の見せどころ。左右で異なる編み方にしたり、表編みと裏編みを交互に編んだり、フィッシュボーン編みをとり入れたりと、工夫次第で幅広い提案が可能だ。セクションごとのデザイン構成も、マンネリ化しないよう、多様なパターンを想定・設計できるようにしておきたいもの。

Check!
☐ 編み方のバリエーションを増やす
☐ セクションごとのデザイン構成力を高める

4 アシンメトリー

アシンメトリーなスタイルは、人とかぶりたくないお客さま向けのデザインとして一定のニーズがあるため、アップの引き出しとしてぜひ習得しておきたい。ただし、ちょっとしたバランスやメリハリのつけ方次第で奇抜な印象になりがちなので、TPOやお客さまの希望に寄り添い、快適に過ごしてもらえるヘアスタイルを提案しよう。

Check!
☐ TPOを踏まえ、くずれにくいデザインに
☐ フォルムの大きさやウエイトのバランスに注意

5 くるりんぱ＋α

セルフアレンジで多用される「くるりんぱ」。簡単ではあるが、応用範囲が広いため、フォーマル度の高いアップや短い髪などにも対応可能。セット＆アップメニューとして提案するなら、複数回繰り返してデザインに変化をつける「連続くるりんぱ」や、編み込みと組み合わせるなど、プロならではの工夫を凝らそう。

Check!
☐ 短い衿足を上げるのにも便利
☐ くるりんぱの応用バージョンを研究しよう

6 おだんご＋α

「くるりんぱ」と同様、お客さまの認知度が高い「おだんご」は、幅広いイメージが表現可能。ゆるくまとめれば優しくソフトな印象になり、かっちりと成形すればフォーマルなイメージに。ウエイトの設定も、仕上がりの印象を左右するポイントとなる。振り幅が広いぶん、お客さまへの「似合わせ力」が問われる。

Check!
☐ カウンセリングで希望のイメージを引き出す
☐ ウエイト設定やおだんごの配置では「似合わせ」を意識

7 ローウエイト

数年前から、成人式や卒業式のまとめ髪で継続してニーズがあるのは、ウエイト低めのスタイル。アップに慣れていない若年層にも受け入れられやすく、上品なデザインだ。和装の場合は着物の衿とのバランスやフォルムの大きさ、洋装の場合は正面から見た時にさみしく見えないかなどが、チェックポイントとして挙げられる。

Check!
☐ 和装では衿をきれいに見せ、着物に負けないボリュームを
☐ 洋装では正面からの見え方に配慮を

8 ハイウエイト

近年、若い女性からの人気を再燃させているのが、ウエイト高めのスタイル。アップの王道的なデザインは、フォーマルな成人式・卒業式のまとめ髪として安心して提案できる。衿足の上げ方はもちろん、トップの動きやシルエット、顔まわりの残し方・巻き方等を研究し、バリエーションを増やそう。

Check!
☐ 短い髪でも衿足の処理次第で提案可能
☐ トレンドの傾向は「顔まわり」と「くずし方」でチェック

ハイウエイト

ローウエイト

おだんご＋α

アップ・アレンジ８変化

人気スタイルで頻出する８つのデザインキーワードをおさえておけば、さまざまな女性像を表現できます。ミディアムレングスのお客さまを例に、まずは変化のバリエーションを見ていきましょう。

Before

くるりんぱ＋α

編み込み＋α

アシンメトリー

編みおろし（ポニーテール）

ツイスト（ロープ編み）

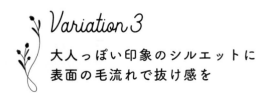

Variation 3

大人っぽい印象のシルエットに
表面の毛流れで抜け感を

Variation 4

タイトな質感とラフな毛先で
クール×モードに

Variation 5

やわらかい曲線の筋感で
クラシカルな中に軽やかさを

Variation 6
コンパクトなフォルムが
凛とした表情を際立てる

Variation 7
全方位のバランスを考慮し
ラフさときちんと感を両立

Variation 8

大小のロールと毛先の動きで
キュート＆エレガントに

これまで見てきた8スタイルについて、デザインと技術のポイントを解説します。

Before

くるりんぱ 1
全頭くるりんぱ&ねじりで安定したフォルムと動きに

Point
衿足は毛先を上に向け小分けにくるりんぱ

Point 引き出し具合と方向性を意識

Technique Point

全頭にくるりんぱを施したデザイン。くるりんぱ後に毛先をねじってピニングすることで、後から毛束を引き出しやすく、フォルム調整が簡単に。ゴムは表面から見えないように処理し、バランスよく毛束を引き出してふわふわの質感を表現。

編み込み 2
編み目にメリハリをつけ耳後ろにはふくらみを

Point
フロント〜バックに向かってだんだん大きな編み目に

Point
シンプルヘアに大ぶりの髪飾りを合わせて華やかに

Technique Point

左右に分けた毛束をそれぞれ裏三つ編み込みした、シンプルなデザイン。サイドの毛束を少量残し、後方へねじってバックの編み目に留めることで、耳後ろにふっくらとやわらかな質感を演出。くずし過ぎないのが、上品に仕上げるコツ。

ローウエイト 3
縦長のロールとアップバングで落ち着きの中に抜け感を

Point
フロントには軽く逆毛を立ててきれいな毛流れに

Point
ハチ下を一束に結び縦長のすき毛に巻きつける

Technique Point

すそぎりぎりの位置に縦長のロールをあしらったデザインは、人とかぶりたくないクール派の女性への提案におすすめ。さらに、オールバック風の前髪にはやわらかな毛流れをつけ、抜け感をプラス。ウエットに仕上げて、エレガントなたたずまいに。

ポニーテール 4
タイトなポニーテールにはクールなデザイン要素を

Point
左サイドはタイトにとかしつける

Point
デザイン違いの飾りピンはシルバーに統一してまとまりを

Technique Point

低い位置で一束に結んだ毛束を、タイトな質感に仕上げたデザイン。前髪は軽く逆毛を立ててから立ち上がりをつけ、ジェルで曲線的な毛流れにしてリーゼント風に。テールの毛先はラフにおろし、左バックサイドにシルバーの飾りピンをあしらう。

5 アシンメトリー 逆毛＋ねじりでボブ風 左右で異なる表情に

Point
重過ぎないように
表面には抜け感を

Point
Uピンタイプの髪飾りを
耳に沿うように3つ配置

Technique Point

左サイドはフィンガーウエーブ風にコーミングし、右はタイトにブラッシング。バックは内側に逆毛を立てた後、右から左に向かって内巻きに毛束をまとめ、毛先は内側へねじってピニング。表面の毛束を筋状に引き出し、立体感を出すのがコツ。

6 ツイスト "くずさない"ツイストに フロントの動きで軽さを

Point
タイトなフォルムで
品格あるツイストデザインに

Point
ツイストした毛束はバック
で交差させてピニング

Technique Point

センターパートで左右に分けた毛束を、それぞれフロントからバックに向かってツイスト編み込みした、オールツイストデザイン。前髪は軽く巻いてバックへ流し、ツイストのねじり目につなげる。くずしは控えめにすることで、コンパクトなフォルムに。

7 おだんご おだんごヘアの洗練ポイントは くずし度合いと配置

Point
おくれ毛は巻いて
キュートさをプラス

Point
黒のオーガンジーリボンで
根元を結んでおしゃれに

Technique Point

高めの位置に、3つのおだんごを配したデザイン。ブロッキング前に、前後左右どの方向からもバランスよく見えるおだんごの位置を設定するのがポイント。髪をおだんご状に成形した後、要所から細く毛束を引き出してこなれた雰囲気に。

8 ハイウエイト フロント寄りにウエイトを設定 2個のロールには大小のメリハリを

Point
残した毛先は"飾り毛"として
ロールの周囲にあしらう

Point
品格あるパールの髪飾りを
アシンメトリーに配置

Technique Point

バックのオーバーとフロントに2個のロールを配した、フォーマルなアップ。フロント側のロールは正面からきれいに見えるようなバランスを考慮し、バック側はそれより大きくつくってフォルムの土台に。衿足はタイトにし過ぎずややふっくらと。

８つのキーワードでバリエーション無限大

アップ・アレンジの

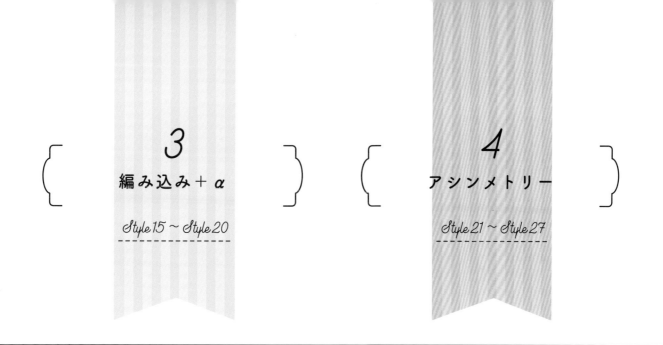

{ 3 編み込み＋α *Style 15 〜 Style 20* }

{ 4 アシンメトリー *Style 21 〜 Style 27* }

デザイン見本帖

8つのデザインキーワードから、アップのバリエーションは無限に広がる！ キーワード別に整理した54スタイルのレシピには、サロンワークに活用できるヒントが満載です。

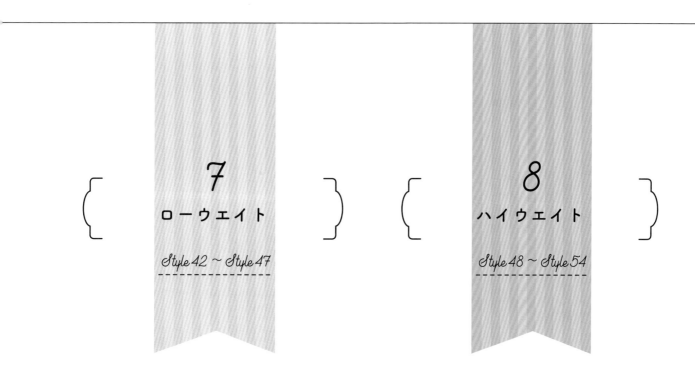

{ 7 ローウエイト *Style 42 〜 Style 47* }

{ 8 ハイウエイト *Style 48 〜 Style 54* }

ロープ編み＆ツイスト

ロープ編み＆ツイストは、ここ数年のまとめ髪で最も頻繁に使われているテクニック。ウェーブと組み合わせたり、くずしを加えたりすることで、グッとこなれた印象に。

Style 1

ロープ編み＋「くずし」で
立体感と抜け感を

Before

Front　Back　Left　Right

Blocking

Front　Back　Left　Right

Hair data 毛量：普通　硬さ：普通　太さ：普通　クセ：無し

\Point/ ほぐして立体感UP

1

ストレートアイロンで全頭を波巻き後、バックセンターの毛束を一束に結び、土台に。表面の毛束を引き出し、立体感を出す。

2

右バックサイドの毛束をロープ編み。立体感を意識し、ランダムに毛束を引き出してほぐす。毛先は内側へおさめ、左バックでピニング。

3

左バックサイドの毛束も、2と同様に施術。毛先は内側へおさめ、右バックでピニング。

4

ネープの毛束を左右に分け、右ネープの毛束をロープ編み。左耳下で、毛先を内側へおさめてピニング。

5

左ネープの毛束も4と同様にロープ編みし、右耳下でピニング。毛先は内側へおさめる。

6

顔まわりに少量のおくれ毛を残し、右サイドの毛束を耳上でタイトにねじってピニング。耳上のフォルムを締め、メリハリをつける。

7

6で留めて残った毛束を、後方へロープ編み。バランスを見ながら毛束を引き出して編み目を広げ、毛先は左バックサイドでピニング。

8

左サイドでも6〜7の工程を繰り返す。逆サイドのロープ編みと交差させ、右バックサイドでピニング。毛先は内側へおさめる。

テクニック＆デザイン キーワード ： 波巻き　一束　ロープ編み　ほぐし

Style 2 引き出す毛束とカールで
やわらかさと立体感を

Before					Blocking			

Front	Back	Left	Right		Front	Back	Left	Right

Hair data 毛量：やや少ない　硬さ：軟らかい　太さ：普通　クセ：無し

\Point/ 毛束を引き出してこなれ感

1

ストレートアイロンで表面を波巻き、カールアイロンで衿足を外巻き後、右オーバーの毛束を左下へねじり、要所の毛束を引き出す。

2

1の毛先を左バックでピニング後、左オーバーの毛束も同様に右下へ引き出してねじり、毛先を右バックでピニング。左右抱き合わせにする。

3

フロントセンターの毛束を、後方へねじって中間をピニング。この後、表面の毛束をつまんで引き出し、毛先は右サイドの毛束と合わせておく。

4

右フロント〜右サイドの毛束を後方へねじり、毛先は右耳後ろでピニング。逆サイドも同様に施術する。

5

右アンダーの毛束を外巻きし、毛先は内側へ入れ込んでピニング。左方向へ少しずつ毛束をとりながら、外巻きにしてピンで留めていく。

6

毛先は内側へ入れ込んでピニングし、ギブソンタック風に。三ツ衿付近などの短い毛は無理に入れ込まず、やわらかいニュアンスに。

7

ネープセンターなどきちんと上げたい部分は、シングルピンで毛先を仮留めし、ハードスプレーで固定後にピンをはずす。

8

26ミリのカールアイロンで、顔まわりのおくれ毛をスパイラル状に巻く。強めのスパイラルカールで、立体感を表現する。

9

ドライフラワーのパーツと、チュールを小さく切ったものをつけて完成。前からも葉っぱのモチーフが見えるように配置する。

テクニック＆デザイン ・・・ キーワード ・・・ | 波巻き | 外巻き | ツイスト |
| 引き出し | 仮留め | スパイラル巻き |

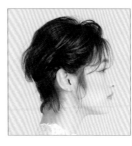

Style 3

ふんわり感と抜け感で
短いレングスも華やかに

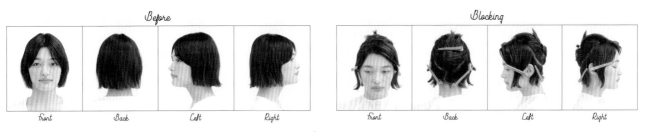

Before
Front　Back　Left　Right

Blocking
Front　Back　Left　Right

Hair data　毛量：普通　硬さ：普通　太さ：普通　クセ：有・弱い

1

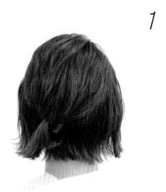

バックに半円形のベースをとり、左耳後ろ付近で
ゆるめに一束に結ぶ。

2

\Point/ 耳まわりは多めに引き出す

右サイドは1の結び目に向けて毛束を引き出し、
ヘムラインに沿ってロープ編み込み。

3

2のねじり目から毛束を引き出し、毛先は1の結び
目にピニング。耳まわりは多めに毛を引き出して
ふんわりさせると、短い髪でも華やかな印象に。

4

左サイドはバングの毛束を足しながら、1の結び
目に向けて毛束を引き出し、ヘムラインに沿って
ロープ編み込み。

5

4で編み込んだ毛束を1の結び目にピニング。

6

バランスを見ながら残った衿足の髪をねじり上
げ、おくれ毛を残して1の結び目にピニング。

テクニック＆デザイン　キーワード　┊　一束　　ロープ編み込み　　引き出し　　ツイスト

Style 4

正統派ハーフアップは
立体感と華やかさが決め手

Before

Front　Back　Left　Right

Blocking

Front　Back　Left　Right

Hair data　毛量：普通　硬さ：普通　太さ：細い　クセ：無

1

トップの髪を一束に結び、結び目の上に輪をつくって毛先を通し、くるりんぱする。

2

フォルムに高さを出すため、ゴールデンポイント付近の髪の表面を引き出す。

3

左サイドのこめかみ付近の髪は、後方に毛束を引き出し、ロープ編みして1の結び目にピニング。右サイドのこめかみ付近の髪も同様に。

\Point/ 細かく引き出す *4*

右サイドのこめかみ下は、3と平行に毛束を引き出してロープ編み込み、中間からはロープ編み後、細かく毛束を引き出してピニング。

5

4で留めた毛束の毛先側は、1の結び目をまたがせ、3と合わせてピニング。

6

左サイドのこめかみ下の髪も、4〜5と同様に施術する。

テクニック＆デザイン　キーワード　⋮　くるりんぱ　引き出し　ロープ編み　ロープ編み込み

ツイストをくずして
立体感のあるフォルムに

Style 5

Before

Front　*Back*　*Left*　*Right*

Blocking

Front　*Back*　*Left*　*Right*

Hair data　毛量：普通　硬さ：やや軟らかい　太さ：やや細い　クセ：無し

1

短い衿足は、6ミリ、7ミリのロッドで内巻き。その他はストレートアイロンで波巻きし、ウエーブ状にクセづける。

2

バック・オーバーの毛束をねじってふんわりさせ、やや左寄りにピンで留める。ミドルは毛先をゴムで結び、内側に入れ込んでピニング。

3

衿足を縦に4分割し、それぞれゴムで結ぶ。

Point 短い髪はテールで入れ込む
4

3の毛先を内側に丸め、生え際にピンで留める。短い毛が落ちないようにコームのテールで入れ込み、スプレーをふきつけて固定。

5

右サイドはツイスト編みし、表面から毛束をつまんで引き出す。毛先はゴムで結び、耳後ろにピニングする。

6

左トップはパートをまたいで毛束をとり、右バックに向かってツイスト編み。毛先をゴムで結び、5で留めたサイドのやや上にピンで留める。

7

バックサイドも5、6同様にツイスト編み。毛先をゴムで結んで丸め、ピニング。

8

左サイドを上下に分け、上の毛束はねじって丸めて耳上にピニング。下はツイスト編みし、左衿足にピンで留める。

テクニック&デザイン　キーワード　内巻き（ロッド）　波巻き　ツイスト編み　引き出し

Style 6

やわらかな曲線で
正統派アップを今風に

Before | Front | Back | Left | Right
Blocking | Front | Back | Left | Right

Hair data 毛量：やや少ない　硬さ：やや軟らかい　太さ：やや細い　クセ：有・弱い

1

26ミリのカールアイロンで、トップ以外はリバースに巻き、トップのみ波巻きする。

2

やや左寄りの高い位置に三角ベースをとって一束に結び、土台をつくる。その後、バック内側の毛束に逆毛を立てる。

3

土台にたわら形のすき毛を固定した後、逆毛を立てたバックの毛束をとかし上げ、2の毛束と合わせて一束に結ぶ。これを根とする。

4

フロントの毛束を根の左サイドに向けてねじり、表面を引き出してピニング。トップに高さを出す。

5

右サイドは上下に分け、上段をツイスト編み。表面の毛束を引き出してくずし、毛先をゴムで結んだ後、中間を根の左脇でピニング。

6

右サイドの下段も上段と5と同様に施術。もみあげは残しておく。

\Point/ 毛束を引き出して立体感

7

もみあげを残して、左サイドをツイスト編み込み。表面を引き出してくずしながら右バックに向かって編み進め、毛先をゴムで結んでピニング。

8

根の毛束と両サイドのツイスト編みで残った毛先をまとめてツイスト編み。表面から毛束を引き出してくずし、立体感を出す。

9

8の毛束を土台周辺で巻き込み、ピニング。毛先は逃がして動きに生かす。最後に、もみあげを26ミリのカールアイロンでリバースに巻く。

テクニック&デザイン　キーワード
┊┊┊
リバース巻き　波巻き　一束　土台
逆毛　ツイスト編み　ツイスト編み込み　引き出し

Style 7

ロープ編み＋曲線の毛流れで
上質なツヤ感と立体感を

Before

Front　Back　Left　Right

Blocking

Front　Back　Left　Right

Hair data 毛量：やや少ない　硬さ：やや軟らかい　太さ：やや細い　クセ：無し

1

トップ〜左バックサイドに向かってロープ編み込み。表面をつまんで引き出してくずし、やわらかいシルエットをつくる。毛先は仮留めしておく。

2

左フェイスラインから毛束を分けとり、左サイド〜左ネープの毛束を足しながら、バックセンターまで片側ロープ編み込み。

3

右耳後ろをバック方向へシェープし、ロープ編み込み。ネープの毛束をすくいとりながら、ネープセンターまで編み進め、毛先はロープ編み。

4

右サイドの毛束を後方へ引き出し、ロープ編み。

5

1〜4でつくった4本の毛束を写真左のように持ち、バックでまとめてねじって毛先をゴムで結ぶ。

6

5の毛束をネープ付近で折り曲げてシニヨン状に形づけ、毛先は内側へ入れ込んでピニング。

7

バングを前方へ引き出し、毛束の内側、中間〜根元に逆毛を立てる。

Point カーブ状にシェープ

8

バングを指でおさえながらコームでシェープし、カーブ状の毛流れをつける。

9

8の毛先をループ状に形づけ、ピンで留めて固定。

テクニック＆デザイン　**キーワード**

| ロープ編み込み | くずし | ロープ編み |
| 一束 | 逆毛 | シェープ |

編みおろし&ポニーテール

近年需要が高まっている、編みおろしおよびポニーテールのデザインをセレクト。和装への似合わせ方や、エッジィなヘアカラーとのコーディネイト法などに要注目です。

Style 8

編み込みを重ね合わせ
立体的な編みおろしヘアに

Before
Front Back Left Right

Blocking
Front Back Left Right

Hair data 毛量：やや多い　硬さ：普通　太さ：やや細い　クセ：有・弱い

1

26ミリのカールアイロンで全体に動きをつけた後、ヘアワックスとヘアオイルを混ぜて塗布し、ツヤ感を出す。

2

ハチ上の毛束を3つに分け、バック方向へ引き出す。

3

バックの毛束をすくいとりながら、下方向に三つ編み込み。

4

3をバックセンター付近まで編み進めたら、表面をくずす。

5

4の中間をゴムで結ぶ。

6

右バックサイドの毛束を後方へ引き、右側の毛束を足しながらバックに向かってロープ編み込み。センターまで編み進める。逆サイドも同様。

7

右サイド（耳上）〜右ネープに向かってロープ編み込み。ネープセンターまで編み進める。逆サイドも同様。

Point 三つ編み&ロープ編みをMIX
8

5の一束と6でつくった2本の毛束で三つ編みをつくる。さらにその三つ編みと7でつくった2本の毛束を、三つ編みで編みおろす。

9

編み目から細かく毛束を引き出して表面をくずし、動きを出す。

テクニック&デザイン **キーワード**

| 三つ編み込み | 一束 | ロープ編み込み | 編みおろし |
| ロープ編み | 三つ編み | くずし | |

31

Style 9 タイトなポニーテールを
ロールと質感でアレンジ

Before — Front / Back / Left / Right

Blocking — Front / Back / Left / Right

Hair data 毛量：やや多い　硬さ：普通　太さ：普通　クセ：有・強い

1

前髪以外の髪を1つにまとめて表面を整え、ゴールデンポイントのやや下付近で一束に結ぶ。

2

一束の根元を左手でしっかり押さえ、右手で表面の毛束を引き出し、トップに高さが出るように浮きをつくる。

3

1のテールの表面を32ミリのカールアイロンで内巻き。仕込みでつけたカールにウエーブをつくり足す。

4

前髪の表面にブラシを通して後方に引き、ゆるやかなカーブを描くように毛流れを整える。毛先は一束の結び目に巻きつけてピニング。

5

一束の左端から毛束を分けとり、根元中心に逆毛を立てて髪につながりをつけた後、たわら形のすき毛を毛先から巻きつけてロールをつくる。

6

扇状にロールの形を整えた後、テールの横に配置してピニング。一束の右端も5〜6と同様に施術し、5と左右対称となるようにロールをつくる。

Point 細かく筋状に引き出す 7

テールの中間を半回転ねじり、押し上げる。その後、表面から細かく筋状に毛束を引き出し、やわらかさを出す。

8

7でねじった部分にネジピンを差し込んで固定。

9

ロールのすき毛が見えないよう、コームでロール両端の表面を整える。最後に髪飾りとネットをつけて完成。

テクニック＆デザイン　キーワード

| 一束 | 巻き足し | ブラッシング | シェーピング | 逆毛 |
| すき毛 | ロール | 引き出し | コーミング | ポニーテール |

編みおろし＆ポニーテール

Style 10

さまざまな編み方を盛り込んだ
エレガントな編みおろし

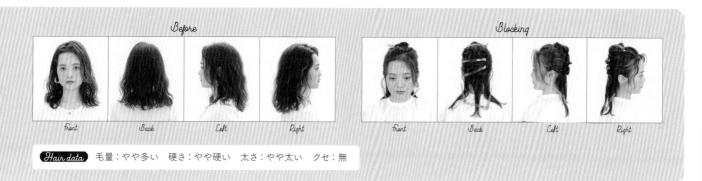

Before — Front / Back / Left / Right
Blocking — Front / Back / Left / Right

Hair data 毛量：やや多い　硬さ：やや硬い　太さ：やや太い　クセ：無

1

バックトップに半円形のベースをとり、後頭部付近で一束に結ぶ。結び目を固定し、表面の毛束を引き出し、フォルムに高さを出す。

2

左右サイドの毛束をそれぞれロープ編み。1の結び目よりやや右の位置で左右の毛束を合わせて一束に。その毛束をくるりんぱ。

3

左右バックサイドの毛束をそれぞれロープ編み。

4

左耳後ろの位置で、左右の毛束を合わせて一束に。その毛束をくるりんぱする。

5

アンダーは縦に3等分。そのうち左と右の髪を合わせて一束にまとめ、くるりんぱする。

6

＼Point／ ほどよくくずしてルーズ感を

中央の髪は毛先まで三つ編みし、編み目を引き出してルーズ感を出す。

7

5のくるりんぱした毛束は毛先まで三つ編みし、編み目を引き出す。

8

6と7の毛束を毛先までツイストし、ゴムで結ぶ。

テクニック＆デザイン　キーワード

| 一束 | ロープ編み | くるりんぱ | 三つ編み |
| 引き出し | ツイスト | 編みおろし | |

Style 11

暗髪ロングと相性抜群の
クールな編みおろしデザイン

Before

Front　Back　Left　Right

Blocking

Front　Back　Left　Right

Hair data　毛量：やや多い　硬さ：やや硬い　太さ：普通　クセ：無

1

左オーバーの毛束をバックに向かってねじる。ねじり目から毛束を引き出して高さを出した後、中央でピニング。毛先はおろしておく。

2

右オーバーも1と同様に施術。

3

1〜2で中央に集めた毛先を指でねじり、根元〜中間に逆毛を立てる。

4

3で逆毛を立てた毛束と両サイドの毛束をバックセンターで合わせて持ち、一束に結ぶ。

5

4の一束をくるりんぱ。その後、結び目に紫のリボンを通してリボン結びにし、さらにピンクのリボンを巻きつける（6を参照）。

6

5の一束に、長めの輪っか状に整えた黒ゴムを8の字状に巻きつけ、中間付近で仮結び。

\Point/ 黒ゴムとカラーリボンで飾る　7

5で一束の根元に巻きつけたピンクのリボンを、6の黒ゴムに沿わせるようにして中間付近までさらに巻きつける。

8

中間以降はアンダーの毛束と合わせて持ち、6〜7と同様に黒ゴムとピンクのリボンを8の字状に巻きつける。最後に毛先を紫のリボンで結ぶ。

テクニック＆デザイン　キーワード

ツイスト	逆毛	一束
くるりんぱ	ツイスト	編みおろし

Style 12

シンプルにかわいくアレンジ
カラーが際立つポニーテール

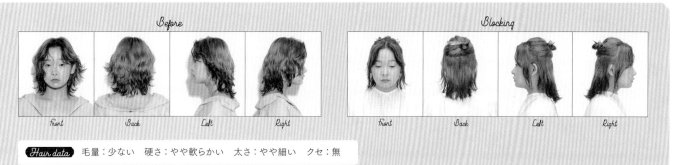

Before　Front　Back　Left　Right
Blocking　Front　Back　Left　Right

Hair data　毛量：少ない　硬さ：やや軟らかい　太さ：やや細い　クセ：無

1

顔まわりを厚めに残し、トップセクションの髪をまとめて引き出して、バックのハチライン付近で一束をつくる。幅1センチ程度のゴムで留める。

2

トップの表面を引き出し、やわらかいシルエットをつくる。

3

ミドルとアンダーをまとめて引き出し、ぼんのくぼ付近で一束に。幅1センチ程度のゴムで留める。

4

3を持ち上げ、1の左側に通す。

\Point/ ポイントカラーを目立たせる

5

1の根元付近に、3を時計まわりに巻きつける。

6

3の毛先をピンでしっかり留める。

7

フロントはセンターで分け、26ミリのカールアイロンで巻いて束感や動きを出す。

8

バックのテール部分も26ミリのカールアイロンでランダムに巻き、束感やハネ感を出す。

テクニック＆デザイン　キーワード　　一束　　引き出し　　ランダム巻き　　ポニーテール

Style 13

クラフトテープとピン使いで
ポニーテールを愛らしく応用

Before

Front　Back　Left　Right

Blocking

Front　Back　Left　Right

Hair data　毛量：普通　硬さ：普通　太さ：やや太い　クセ：無

1

前髪を除く全体の髪を集め、クッションブラシでとかしながら面をつくる。

2

バックのセンター付近で一束をつくり、ゴムで結ぶ。

3

バランスを見ながら表面の毛束を細かく引き出し、やわらかい動きをつける。

4

フェイスラインからサイドにかけて、ゴールドのピンをランダムに留めていく。

5

テールの根元付近に、色違いのクラフトテープ（幅5ミリ程度）を2本通す。

\Point/ クラフトテープをクロス巻き　6

5を毛束の表面で交差させながら、毛先5センチ付近まで巻き、結んで留める。

7

テープを巻いていないテールの先端を、26ミリのカールアイロンで外ハネ状に形づける。

8

もみあげや顔まわりを26ミリのカールアイロンで巻き、動きを出す。

テクニック＆デザイン　キーワード　⋮　一束　引き出し　外ハネ　ポニーテール

結び目に高さを出して
和装仕様のポニーテールに

Style 14

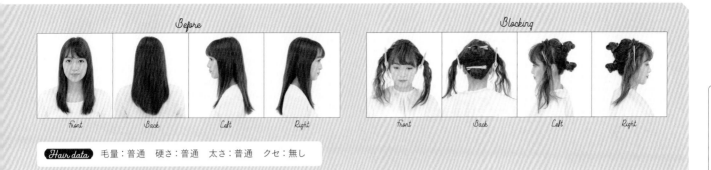

Before

| Front | Back | Left | Right |

Blocking

| Front | Back | Left | Right |

Hair data 毛量：普通　硬さ：普通　太さ：普通　クセ：無し

1

ストレートアイロンで全頭を波巻き後、バックのオーバーの毛束を低めの位置で一束に結ぶ。

2

表面の毛束をつまんで引き出し、立体感を出す。

3

バックのアンダーの毛束を、オーバーの毛束と合わせて一束に結ぶ。

4

一束から毛束を少量とり、結び目に巻きつける。

5

\Point/ 下からピンを入れて高さを出す

巻きつけた毛先をピニング。この時、テールの下側から支えるようにアメピンを入れる。

6

5で結び目に高さを出すことで、着物の衿をきれいに見せる。

7

右サイドの髪を上下に分け、後方へ向かってロープ編み。

8

右耳後ろまで編んだらピニング。さらに毛先側へと編み進める。

9

毛先をテールの結び目に巻きつけてピニング後、編み目から毛束を引き出してほぐす。左サイドも7〜9と同様に施術。

テクニック&デザイン **キーワード** ┊ 波巻き　一束　引き出し　ポニーテール

巻きつけ　ロープ編み　ほぐし

編み込み＋α

定番の編み込みも、複数のデザイン要素を組み合わせたり、編み方を工夫することで、プロならではのまとめ髪に。汎用性が高く、営業に生かしやすい6スタイルをお届けします。

Style 15

ロープ編みと三つ編み
2つの模様で変化を

Before

Front　Back　Left　Right

Blocking

Front　Left　Right

Hair data 毛量：やや多い　硬さ：普通　太さ：普通　クセ：無し

1

トップの毛束をバックセンターで一束に結び、結び目の上に輪をつくってくるりんぱ。

2

一束の毛束を左右に引いてねじり目をつけた後、表面の毛束をつまんで引き出し、高さとボリュームを出す。これを土台とする。

3

右サイドの毛束を上下に分け、上段を後方へロープ編み。

4

3の毛先を逃して土台の左でピニング。

5

右サイド下段の毛束も同様に後方へロープ編みし、毛先を逃して土台の左でピニング。左サイドも3～5と同様に施術。

\Point/ ロープ編みと三つ編みをMIX

6

3～5で残したサイドの毛先とバックの毛束を合わせて3つに分け、それぞれ表三つ編み。

7

3本の三つ編みのうち右の1本を、中央の毛束の表側を通してネープを囲むようにはわせ、左耳後ろでピニング。毛先は内側に入れ込む。

8

左側の1本は、中央の三つ編みの裏側を通してネープの生え際に沿わせ、右耳後ろでピニング。毛先は内側へ入れ込む。

9

中央の三つ編みは、毛先を内側へ折りたたむようにして丸め、アメピンで固定。

テクニック＆デザイン　キーワード　┊　くるりんぱ　引き出し　ロープ編み　三つ編み

Style 16　短いレングスだからできる
華やかボブ風アップ

Before
Front　Back　Left　Right

Blocking
Front　Back　Left　Right

Hair data 毛量：やや多い　硬さ：硬い　太さ：やや太い　クセ：無し

1

アンダーセクションはホットカーラーで外巻き、それ以外は19ミリのカールアイロンでランダムに巻き、カールをつけておく。

2

アンダーセクションは右端から逆サイドに向かって、ネープに沿って三つ編み込み。

3

左耳後ろまで編み進めたら、毛先を折りたたんでピンで留める。

＼Point／ カールをつぶさないように注意

4

トップはバックセンターに集めてふんわりと高さを出し、毛先を半ひねり（＝半回転ひねる）してピンで留める。

5

オーバーセクションの髪を手グシでバックセンターに集め、毛先を半ひねりして4の下にピニング。両サイドも同様に行なうが、左の表面は残す。

6

こめかみ付近に小さく整えたすき毛を固定。このすき毛を土台とし、顔まわりに髪飾りをつける。その後、左耳後ろにも髪飾りをつける。

7

5で残しておいた左サイド表面の髪を、ふんわりと後方に流す。毛先を半回転ひねり、バックセンターに留める。

8

ミドルは毛先から巻いてロールをつくる。左右にずらすようにして広げてくずし、ピニング。

9

顔まわりのカールを整え、表面の毛束を引き出して立体感を演出。

テクニック＆デザイン キーワード

| 外巻き | ランダム巻き | 三つ編み込み | 半回転ひねり |
| すき毛 | ロール | くずし | |

Style 17　丸型三つ編み込みで
くずれ知らずのふわふわアップ

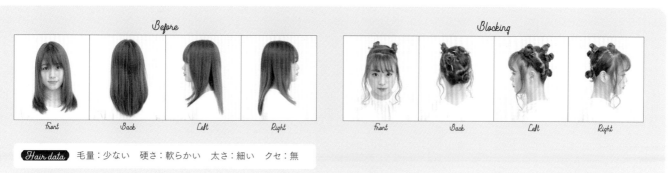

Before				*Blocking*			
Front	Back	Left	Right	Front	Back	Left	Right

Hair data　毛量：少ない　硬さ：軟らかい　太さ：細い　クセ：無

\Point/ 丸型三つ編み込みで立体感を

1

カールアイロンのミックス巻きで仕込み後、ヘビーサイドの毛束をフロント〜左バックに向かって丸型三つ編み込み※。
※表三つ編み込みと裏三つ編み込みを交互に行ない、立体的な編み目をつくる編み方。

2

左耳後ろまで編み込んだら、編み目から細かく毛束を引き出し、正面から見たときのボリュームをつくる。毛先は丸型三つ編みにして仮留め。

3

ライトサイドもフロント〜左三ツ衿まで丸型三つ編み込み。編み目から細かく毛束を引き出し、毛先は丸型三つ編みにしてダッカールで仮留め。

4

斜めスライスでブロッキングしたオーバーの、左下の毛束を一束に結んで根をつくる。

5

オーバー右上の髪をストレートアイロンで波巻き後、1つにまとめて左方向へねじり、4の結び目の上にピニング。毛先は残しておく。

6

2で丸型三つ編みを施した毛束を、4の根の下にピンで留める。

7

3で丸型三つ編みを施した毛束を、フォルムのすき間を埋めるように根の左上に配置し、毛先を折り込むようにしてピンで留める。

8

4の毛先を丸型三つ編み。細かく毛束を引き出してくずし、フォルムのすき間を埋めるように根の右側に置き、毛先を折り込んでピニング。

9

5で残したオーバーの毛先も、丸型三つ編み。編み目から大きく毛束を引き出してくずし、フォルムのすき間を埋めるように左サイドにピニング。

テクニック＆デザイン　キーワード

ミックス巻き	丸型三つ編み込み	丸型三つ編み
引き出し	一束	波巻き

Style 18

キュートな外ハネカールと
ソフトにくずした編み込み

Before

| Front | Back | Left | Right |

Blocking

| Front | Back | Left | Right |

Hair data 毛量：やや少ない 硬さ：やや軟らかい 太さ：普通 クセ：無

1

26ミリのカールアイロンでアウトラインの毛先を外ハネにする。中間はリバースとフォワードを交互に巻く。

2

オーバーの毛束を一束に結び、結び目の上に毛先をくぐらせてくるりんぱ。

3

2の表面を引き出してくずし、動きと高さを出す。

4

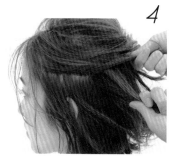

左サイド（ハチ上）の毛束を後方へ引き出し、バックの毛束をすくいながらロープ編み込み。

\Point/ くずしてやわらかい質感に

5

4の表面をくずし、くるりんぱのゴムがかくれる位置でピニング。逆サイドも同様。

6

左サイド（ハチ下）の毛束を後方へ引き出し、バックの毛束をすくいながらロープ編み込み。

7

6の表面をくずし、バックセンター付近でピニング。逆サイドも同様。

8

全体のバランスを見て、右耳後ろに髪飾りをつける。

テクニック＆デザイン **キーワード**

| 外巻き | ミックス巻き | くるりんぱ |
| くずし | ロープ編み込み |

51

Style 19　引き出す時に広げやすい
ねじりフィッシュボーン

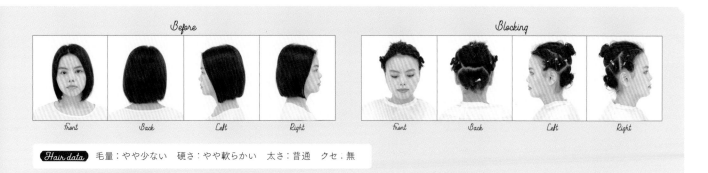

Hair data　毛量：やや少ない　硬さ：やや軟らかい　太さ：普通　クセ：無

1

トップをホットカーラー、ほかはストレートアイロンで仕込み後、オーバーとミドルに1つずつ、おだんごをつくる。短い衿足は残しておく。

2

表面から毛束をつまんで引き出し、ボリュームを出す。フロントの生え際はタイトになり過ぎないよう、フェイスラインに沿った毛流れに。

3

ミドルにつくったおだんごの毛束を広げ、結び目が表面から見えないようにし、ネジピンで固定。

4

オーバーをおだんごにして残った毛先を、結び目に巻きつけてピニング。その後、おだんごの形を半円状に整える。

5

右の耳後ろ〜右バック（衿足を含む）の毛束を後方へ向かってロープ編み。毛先まで編み進めたら、編み目から毛束を引き出してくずす。

6

5の毛先を、2つのおだんごのすき間を埋めるように入れ込んでピニング。左の耳後ろ〜左バック（衿足を含む）も5〜6と同様に。

Point ねじりながら編み込む

7

右サイドの毛束をフィッシュボーン編み込み。この時、2本の毛束をねじりながら編み込むと、引き出した時に広げやすい。

8

毛先まで同様に編み進めた後、編み目から毛束を引き出してくずす。耳上はボリュームを出すため、大きく広げるように引き出す。

9

8の毛先は、右バックでピニングし、内側へ入れ込む。左サイドの毛束も7〜9と同様に施術。

テクニック＆デザイン　キーワード

| おだんご | 引き出し | ロープ編み |
| くずし | ねじりフィッシュボーン編み込み | |

Style 20

パーティー仕様の
アシメ編み込みアレンジ

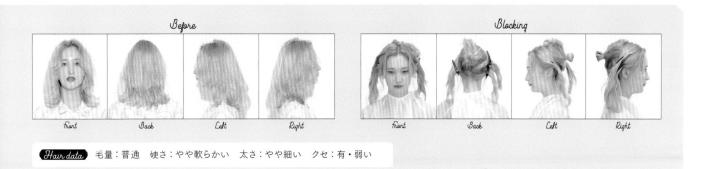

Before
Front　Back　Left　Right

Blocking
Front　Back　Left　Right

Hair data　毛量：普通　嗪さ：やや軟らかい　太さ：やや細い　クセ：有・弱い

1

オーバーの毛束をバックセンターに集め、表三つ編み。

2

毛先を透明なゴムで結んだ後、後頭部の毛束を引き出し、立体感を高める。以降、ゴムはすべて透明のものを使い、ヘアカラーを際立たせる。

3

左サイド〜左バックに向かってロープ編み込み。バックセンターよりやや左の位置まで編み進め、毛先はダッカールで仮留めしておく。

4

右サイドは上下2段に分け、上段をロープ編み込み。左バックまで編み進めたら、3の毛先と合わせて一束に結ぶ。

5

右サイド下段は、バックに向かって表三つ編み込み。左バックまで編み進めたら、4の毛先と合わせてゴムで結ぶ。

6

1・2で編み込んだ毛束を、5の一束の内側へくぐらせて交差させた後、表側に出す。

7

\ Point / 左寄りの位置でまとめる

6で表側に出した毛束を、やや左寄りの位置でループ状に巻き込み、ピンで固定。

8

残った毛先を衿足のやや左寄りの位置でループ状に巻き込み、毛先は内側へ入れ込んでピニング。

テクニック＆デザイン　キーワード ┈┈ 三つ編み　引き出し　ロープ編み込み
三つ編み込み　アシンメトリー　ループ

55

「アシンメトリー」をデザインポイントとするまとめ髪をセレクト。フォーマルな和装からエッジィなヘアカラーに合わせたデザインまで、幅広いバリエーションをご紹介します。

Style 21

顔まわりに重さを残し
短い髪をアシメフォルムに

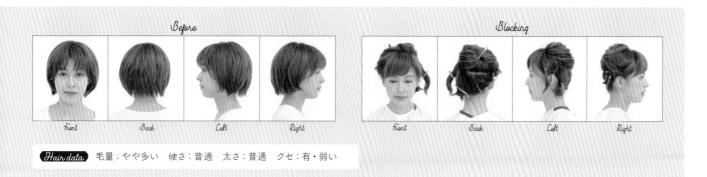

Before   Blocking

Front   Back   Left   Right   Front   Back   Left   Right

Hair data 毛量：やや多い 硬さ：普通 太さ：普通 クセ：有・弱い

1

バックを耳上の高さで上下に分けたら、バック右下に三角ベースをとり、ベースの毛束を毛先までロープ編みする。

2

1でロープ編みした毛束をベースの中央で丸く巻き込み、ピニング。これを土台とする。

3

バック左下の毛束を土台方向にタイトにねじり、毛先を残して2でつくった土台にピニング。

4

左サイドも3と同様に施術。サイド全体を土台方向へタイトにねじり、毛先を土台にピニング。

5

3で残した毛先を、土台にしっかり巻きつけてピニング。

Point 毛流れを意識した逆毛 6

オーバーはヘビーサイドへの毛流れを意識して施術。まずは斜めスライスで4分割し、それぞれの根元に逆毛を立てる。

7

ヘビーサイド（右サイド側）からはオンベースにパネルをとって内側に逆毛を立て、6とつなげてなめらかなフォルムにする。

8

アシンメトリーなフォルムのバランスを見ながらオーバーの毛先に逆毛を立て、毛束感をプラス。前髪にも根元中心に逆毛を立てる。

9

サイドの数ヵ所、内側をピンで固定してくずれにくくした後、フェイスラインをタイトめに整える。毛束が浮かないように要所をピンで固定。

テクニック＆デザイン キーワード ┊ アシンメトリー   ロープ編み   土台

ツイスト   逆毛

Style 22

３つのシニヨンを
アシンメトリーに配置

Before

| Front | Back | Left | Right |

Blocking

| Front | Back | Left | Right |

Hair data 毛量：普通　硬さ：軟らかい　太さ：細い　クセ：有・弱い

1

バックを斜めスライスで3つに分け、それぞれセクションの中央で一束に結んで根をつくる。右の根がやや上、左がやや下になるようにする。

2

トップをふんわりと後ろに引いて高さを出し、バックセンターで半回転ひねってピンで留める。毛先はおろしておく。

3

左サイドの髪を後方に引き、毛束をねじって2の下に留める。毛先は残しておく。右サイドも同様に行なう。

4

2と3の毛先を中央の根と合わせてゆるめにロープ編みし、表面から毛束を引き出してくずす。

5

毛先を折りたたんでゴムで結び、センターの根に向かって巻いていく。

6

根の高さまで巻いたら、ピンで留める。

7

右の一束をロープ編み。表面をくずし、毛先を折りたたんでゴムで結んだ後、右耳上（6よりもやや高い位置）でシニヨン状に丸めてピニング。

\Point/ 右上～左下にシニヨンを配置 8

左の一束も7と同様に施術してシニヨンをつくるが、ここでは6よりも低めの位置に設定。右上～左下に3つのシニヨンを配置する。

9

シニヨンの配置とは逆のバランスで、左耳後ろ（高め）と右ネープ（低め）に髪飾りをつける。

テクニック&デザイン　キーワード ┊┊┊

| 一束 | 半回転ひねり | ツイスト | アシンメトリー |
| ロープ編み | くずし | シニヨン |

Style 23

土台＆逆毛で量感を調整
美フォルムのボブ風に

Before

Front　Back　Left　Right

Blocking

Front　Back　Left　Right

Hair data　毛量：多い　硬さ：硬い　太さ：太い　クセ：有・強い

1

バックのミドルは毛先まで二つ編みし、ゴムで結ぶ。編んだ毛束を根元にフラットに巻きつけてピンで留め、土台をつくる。

2

左サイドの毛束をタイトにねじり、1の土台に巻きつけてピニング。

3

アンダーをねじりながら、1、2でつくった土台に巻きつけてピニング。衿足がたるまないようにしっかり上げる。

4

バック・オーバーの中間～根元に逆毛を立てて仮留めした後、たわら形に成形したすき毛を土台にピンで留める。

5

4で逆毛を立てた毛束をすき毛にかぶせ、毛先を内側に入れてピニング後、トップの中間～根元にも逆毛を立てる。

6

ブラシに持ち替えて面を整え、5ですき毛にかぶせた毛束の表面となじませる。

7

ボブ風の丸みをつくりながら、毛先を左サイドに向けて内側にねじり、左衿足にピニング。残った毛先は、左サイドの内側に巻き込んでピニング。

8

\Point/ 立体感のあるループに

右サイドは生え際と平行なスライスで前後に分け、バック側をロープ編み。表面をループ状に引き出しながら編み進め、毛先は丸めてピニング。

9

フロント側の毛束もロープ編みしてくずし、毛先は残して耳後ろでピニング。残した毛束は肩前におろす。

テクニック＆デザイン　キーワード　┆┆┆┆　 三つ編み ｜ 土台 ｜ ツイスト ｜ 逆毛 ｜ すき毛
　シェープ ｜ ロープ編み ｜ 引き出し ｜ ループ ｜ アシンメトリー

Style 24

大小のすき毛をアシメに配置
変化のあるボブ風デザインに

Before / Blocking

Front　Back　Left　Right　　Front　Back　Left　Right

Hair data　毛量：やや少ない　硬さ：軟らかい　太さ：普通　クセ：無

1

ハックのミドルにだ円形ベースをとり、毛束を下へねじって留めて土台をつくった後、土台と同形で薄めに整えたすき毛を固定する。

2

オーバーの毛束をバック側へシェープしてすき毛にかぶせ、中央でねじってピニング。

3

左サイドの毛束をロープ編み込みし、バックセンターでピニング後、前髪を左こめかみ付近でひねってピニング。毛先はおろしておく。

4

右サイドの毛束を後方へ引き、ロープ編み込み。バックセンター付近でピニングし、毛先はバックにおろしておく。

5

左耳後ろの毛束を残し、バックの毛束を縦スライスで3等分。中央の毛束に逆毛を立てた後、だ円形のすき毛を逆巻きに巻き込んでピニング。

6

左バックの中間に逆毛を立てて毛先をゴムで結んだ後、5より大きなだ円形のすき毛を内巻き。毛先は内側へおさめてピニング。

Point / 左は大きく、右は小さなロールに *7*

右バックの毛束の中間に逆毛を立てた後、5より小さなすき毛を逆巻きにしてやや斜め向きのロール状に形づける。

8

5で残しておいた左耳後ろの毛束を後方へコーミングし、3つのロールにかぶせる。毛先はロールの内側へおさめてピニング。

9

カチューシャ状の髪飾りをつけた後、前髪の毛先を後方へとかし、8の毛流れに沿って配置。毛先はロールの内側へおさめてピニング。

テクニック＆デザイン　**キーワード**　土台　すき毛　ロープ編み込み　アシンメトリー　逆毛　ロール　コーミング

Style 25

夜会巻き風をアレンジ
毛流れをずらして動きを

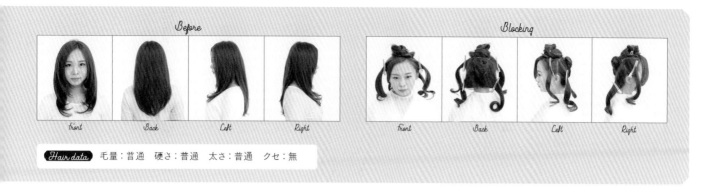

Before

Front　Back　Left　Right

Blocking

Front　Back　Left　Right

Hair data　毛量：普通　硬さ：普通　太さ：普通　クセ：無

1

バックを三つ編みしてセンターで巻き込んで留め、土台とする。

2

左サイドと左バックサイドをまとめてテンションをかけて引き出し、ねじって土台の右側に留める。毛先はカールさせ、土台となじませる。

Point　筒状に丸めて縦ロールをつくる　3

右バックサイドは根元に逆毛を立て、テンションをかけて左バックサイドへ引き出す。毛先を直径3〜4センチ程度の筒状に丸めて留める。

4

右サイドも根元に逆毛を立て、テンションをかけて左バックサイドへ引き出す。毛先をループ状に丸め、3のロールの上に留める。

5

トップからフロントにかけて、根元に逆毛を立て、バックへ引き出す。

6

毛先は左バックでループ状に丸め、4のロールに重ねて留める。

テクニック&デザイン　キーワード
三つ編み　土台　ロール
逆毛　アシンメトリー

アシンメトリー

Style 26

ゆるい質感でカジュアルに
くずれ知らずのハーフアップ

Hair.data　毛量：普通　硬さ：普通　太さ：普通　クセ：無

1

トップ〜右バックに向かって三つ編み込み。編み目から毛束を細かく引き出し、やわらかいボリューム感を出す。

2

トップのセンターに高さが出るよう、トップ付近の編み目から大きく毛束を引き出す。

3

1で編み込んだ毛束を、右耳後ろでゴムで結び、根とする。

4

\Point/ 根に集めることでくずれ防止

左サイド〜右バックに向かってロープ編み込み。ぼんのくぼ付近を通して3の結び目付近でピニング。毛先は右バックにおろしておく。

5

右サイドから2本の毛束を分けとり、後方へ引き出してロープ編み。耳の上を通して、3の結び目付近でピニング。毛先は右バックにおろす。

6

根の毛束と4〜5で右バックに残した毛先を合わせて三つ編みし、右耳後ろでループ状に巻き込んでピニング。表面をくずしてゆるい質感に。

テクニック＆デザイン　キーワード　　三つ編み込み　　引き出し　　一束　　ロープ編み込み　　ロープ編み　　ループ　　くずし　　アシンメトリー

ピンク & 黒髪のマッチングと
クールなアシメアレンジ

Style 27

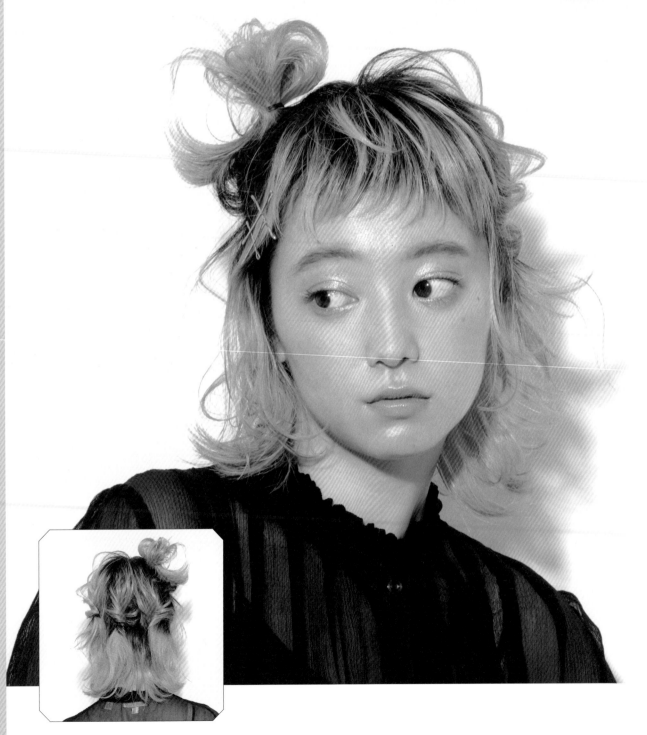

Hair data　毛量：普通　硬さ：普通　太さ：普通　クセ：有・弱い

1

右サイドのハチ上付近を一束に結び、おだんごをつくってデザインポイントにする。

2

1の表面を引き出して広げ、動きをつける。

3

トップと左サイドをまとめて、中間から毛先を軽くねじり、耳後ろでピニング。

4

3の表面を引き出し、動きをつける。

5

右バックサイドの中間から毛先をねじり、バックセンター付近にピニング。

6

\Point/ やわらかいニュアンスに

バックの表面を引き出し、やわらかいシルエットをつくる。

7

右側のこめかみ付近にピンを差し、アクセントをつける。

8

顔まわりを26ミリのカールアイロンでスタイリング。カールをつけ過ぎないよう、毛束を挟んで滑らせるように操作する。

テクニック＆デザイン　キーワード　┊　おだんご　引き出し　ツイスト　アシンメトリー

アシンメトリー

まとめ髪の「今」を読み解く
髪飾りランキング

まとめ髪をグッと華やかに見せる髪飾り。ここでは、本書掲載全作品の髪飾りにフォーカスを当て、そのタイプや素材、モチーフを分析。多く使われているものを、ランキング形式でまとめてみました。

自由度の高い
パーツ使いが人気

アイテム別のランキングでは、「小花のパーツ」がトップに。自由に組み合わせて使用可能で、フォルムのへこみやすき間を補うこともできるという実用性の高さが、得票につながったと思われる。2位には、1点使いでも大きな存在感を放つ「大ぶりのコサージュ」がランクイン。ヘアはシンプルにつくり、髪飾りで主張するという使い方にはぴったりのアイテムだ。「リボン」（3位）や「飾りひも」（4位）は、素材や色にこだわりが見られるものが目立ち、5位の「バレッタ」は、洋装のまとめ髪で多く使われていた。

本書掲載全62スタイルの
髪飾りランキング
～アイテム編～

1位　小花のパーツ

2位　大ぶりのコサージュ

3位　リボン

4位　飾りひも

5位　バレッタ

主張し過ぎずに
抜け感・こなれ感を演出

素材やモチーフに着目したランキング(花を除く)では、「葉っぱ・実もの」と「光沢系」が同率の1位。ゴールドやシルバーなど光沢のある素材はフォーマルな装いには鉄板だが、「葉もの・実もの」は、抜け感やこなれ感を演出できるモチーフとして、ここ数年目立って注目度が高まっている。3位の「レース系」や4位の「かすみ草」も同様に、やわらかさや抜け感というまとめ髪のトレンドと相性が良く、和装・洋装いずれのスタイルにも頻繁に使われている。主張し過ぎずに存在感を発揮できる素材・モチーフが人気のようだ。

 髪飾りランキング
～素材・モチーフ編～

1位	葉っぱ・実もの系
1位	光沢系（ゴールド・シルバー）
3位	レース系（オーガンジー・チュールなど）
4位	かすみ草
5位	つまみ細工

※つまみ細工＝ちりめんなどの生地をつまんで花びらといった形に細工する技法。江戸時代から伝わる日本の伝統工芸の一つ。
※「花」は大半のスタイルに登場するため、ランキング対象外とした。

髪飾りランキング～番外編～
編集部注目のアイテム・素材

最後に、今回使われていた中で編集部が注目する髪飾りをピックアップ。それぞれの注目ポイントとともに紹介する。

クラフトテープ	ミニクリップ	飾りピン	ドライフラワー	ホワイト系
手芸や生地などの材料店は、ヘアアクセに生かせる素材の宝庫。クラフトテープを写真のようにポニーテールにぐるぐる巻きつければ、トレンド感あふれるアレンジヘアに。	小ぶりなミニクリップは、さりげなくおしゃれ感を表現できる優秀アイテム。ヘアカラーの色みと合わせてコーディネイトしたり、素材で遊んでみたりと、活用法はさまざま。	色みや素材で見せる飾りピンは、髪を留めるだけでなく髪飾りとしても機能する。クロス留めや異素材ミックスなど、自由な発想で使い方を工夫してみよう。	近年、まとめ髪の撮影現場で見かける機会が増えているのがドライフラワー。トレンドワードである「抜け感」「こなれ感」を演出でき、成人式や卒業式ヘアとの相性も良い。	着物や帯、ドレスの色とぶつかることがなく、使いやすい色みであるからか、コサージュやバレッタにも多用されている。差し色を効かせたヘアパーツと組み合わせても◎。

71

くるりんぱ＋α

お客さまからの認知度が高いくるりんぱも、美容師の手にかかれば、フォーマルな場にふさわしいプロ仕様の本格アップに。短い髪にも活用できる技は必見です。

Style 28

華やぐフロントと
上品な面の組み合わせ

Before
Front　Back　Left　Right

Blocking
Front　Back　Left　Right

Hair data. 毛量：普通　硬さ：軟らかい　太さ：細い　クセ：無

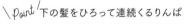

\Point/ 下の髪をひろって連続くるりんぱ

1

フロントトップの左側にくるりんぱを施す。続けて下の髪を拾いながら、くるりんぱを3回繰り返す。

2

1でくるりんぱした毛束を引き出してくずし、耳前に毛束が落ちるように毛束中間をピンで留める。

3

耳上の髪を耳後ろに向かって毛先までツイスト。毛束を引き出してくずし、耳後ろにピンで留める。

4

おくれ毛を残して耳前の髪をツイストしてくずした後、毛先を押し上げてピニング。その上に2の毛先でつくったループを重ね、ピンで留める。

5

バックトップ〜バックサイドも同様にくるりんぱした後、ネープは左〜右に向かってくるりんぱ。結んだ毛先は内側へ折り返してピニング。

6

右フロントはくるりんぱを3段重ね、毛先を耳前に残す。耳上〜衿足もくるりんぱを重ね、その毛先と残った衿足をねじり、5に重ねてピニング。

7

6で耳前に残しておいた毛先をさらにくるりんぱし、耳後ろのくるりんぱした毛束に重ねてピニング。

8

トップの髪をツイストしてくずし、バックセンターでピニング。スライスが見えないように毛束をくずすのがポイント。

9

ミドル〜オーバーは内側に逆毛を立て、表面を整えて衿足までかぶせる。毛先は左サイドに向けてねじり、衿足の内側にピンで留める。

テクニック＆デザイン ‥‥ キーワード ┈┈┈ 連続くるりんぱ　ツイスト　ループ　逆毛　シェープ

くるりんぱ＋α

73

Style 29 くるりんぱ＆くずし 短い髪のまとめテク

Before — Front / Back / Left / Right

Blocking — Front / Back / Left / Right

Hair data 毛量：やや少ない　硬さ：やや軟らかい　太さ：普通　クセ：無

1

26ミリのカールアイロンでリバースとフォワード交互に巻き、全体にクセづけを行なう。

2

トップの毛束をバック方向へシェープしてゴムで結び、くるりんぱする。

3

\ Point / くるりんぱ後にくずす

2の表面を引き出してくずし、動きと高さを出す。

4

両サイド（ハチまわり）の毛束をバックセンターへ引き出し、一束に持つ。

5

4の毛束を合わせてゴムで結び、くるりんぱする。表面から毛束を引き出して、くずす。

6

左サイドはロープ編み込み。表面をくずしながらバック方向へ編み進める。

7

6の毛先は、5の表面に重ねてピニング。

8

右サイドも同様にロープ編み込み。表面をくずしながらバック方向へ編み進め、5の表面に重ねてピニング。

9

ネープを左右に分け、それぞれ逆くるりんぱ（毛先を下から通す）。表面をくずして留める。

テクニック＆デザイン ‥‥ **キーワード** ‥‥

| ミックス巻き | くるりんぱ | 引き出し | ロープ編み込み |
| くずし | 逆くるりんぱ | ツイスト |

くるりんぱ＋α

Style 30

くるりんぱとツイストを
やわらかなボリュームで

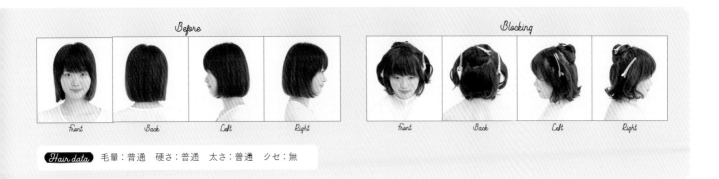

Front　Back　Left　Right

Blocking

Front　Back　Left　Right

Hair data 毛量：普通　硬さ：普通　太さ：普通　クセ：無

1

オーバーの毛束をゴムで一束に結んでくるりんぱ。指先で表面を引き出し、ふんわり感と高さを出す。

2

右サイドと右フロントサイドの毛束をそれぞれ3〜4センチ幅でとり、バック側へ引き出して頭の丸みに沿わせながらロープ編み。

\Point/ くるりんぱの下にロープ編みを

3

2の表面を、指先で引き出して動きを出しながら、くるりんぱの下を通してバック左側へオーバーラップさせて留める（毛先は逃がす）。

くるりんぱ＋α

4

左サイドと左フロントサイドの毛束も同様にロープ編みして表面に動きを出し、右バックへオーバーラップさせて留める（毛先は逃がす）。

5

3の毛先を4の毛束に、4の毛先を3の毛束にそれぞれ通して交差させる。

6

交差させた毛先を合わせて内側へ入れ込み、やわらかいボリュームを出してピンで留める。

テクニック＆デザイン　キーワード　┊┊┊　くるりんぱ　ロープ編み　引き出し

Style 31

交差させる束ね技と仕込みで
ルーズな毛流れを表現

Hair data　毛量：やや多い　硬さ：やや硬い　太さ：やや太い　クセ：有・弱い

1

アンダーセクションは2段に分け、それぞれ細めのホットカーラーで逆巻き。オーバーセクションは32ミリのカールアイロンで波巻きに。

2

バングは後方に向けてねじり、毛先をゴムで結ぶ。ゴムの結び目が見えないよう、内側に入れ込んでピニング。

3

ミドル～オーバーを縦スライスで4つに分ける。つむじがあるブロックは幅を広くとることでボリュームを出し、後頭部の凹みをカバーする。

\Point/ 隣のセクションをまたいで結ぶ

4

3で4つに分けた毛束のうち（工程3参照）、②と④の毛束をとり、右耳の後ろでゆるく結んでくるりんぱ。

5

毛先を2つに分け、左右に引いて締める。その後、根元側から毛束を少量つまんで引き抜いてゆるめる。

6

①と③の毛束（工程3参照）も同様に、左耳後ろでゆるく結び、くるりんぱして4～5の工程を繰り返す。

7

アンダーを縦スライスで3つに分ける。左側からおくれ毛を残して毛束をとり、毛先をゴムでしっかり結ぶ。

8

毛束を外巻きにし、ゴムの結び目を内側へ入れ込んでピニング。センターと右側の毛束でも同様に、7～8の工程を繰り返す。

9

ドライフラワーの飾りをアシンメトリーにつけた後、顔まわりのおくれ毛を、32ミリのカールアイロンで波巻き。毛先は外ハネにする。

テクニック＆デザイン　キーワード　┊┊　逆巻き　　波巻き　　ツイスト

くるりんぱ　　引き出し　　外巻き

くるりんぱ＋α

くずして、まとめる
くるりんぱと編み込み
Style 32

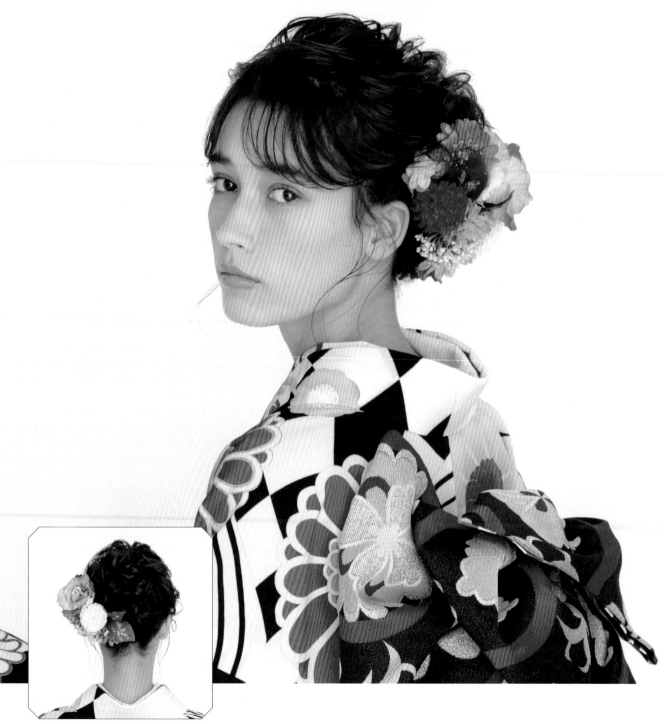

Before — front / Back / Left / Right

Blocking — front / Back / Left / Right

Hair data 毛量：やや多い　硬さ：普通　太さ：やや細い　クセ：有・弱い

1

26ミリのカールアイロンで仕込み。おくれ毛も含めて、全体にゆるやかなカールをつける。

2

オーバーの毛束を一束に結ぶ。結び目の上にすき間をつくり、毛先を通してくるりんぱ。

3

\Point/ しっかりくずして立体感を

オーバー表面から毛束を引き出してくずす。しっかりと大きめにくずすのがポイント。

4

2の毛先とミドルセクションを合わせて、裏三つ編み。毛先はゴムで結ぶ。

5

4の三つ編みを折り曲げて丸め、くるりんぱの結び目付近でピニング。

6

両サイドをそれぞれロープ編みしてくずし、5で丸めた毛束に重ねてピニング。

7

アンダーを左右に分け、右の毛束を左上方向にロープ編み込み。表面をくずした後、左オーバーでピニング。

8

左の毛束は右上方向にロープ編み込み。表面をくずした後、右オーバーでピニング。残った毛先は丸めてピニング。

テクニック＆デザイン　キーワード ┊ くるりんぱ　くずし　三つ編み
ロープ編み　ロープ編み込み

くるりんぱ＋α

Style 33 3段くるりんぱ＆ロープ編み
シンプルテクで華やかに

Before			
Front	Back	Left	Right

Blocking			
Front	Back	Left	Right

Hair.data 毛量：多い 硬さ：普通 太さ：太い クセ：無

1

仕込みの際は、全体を26ミリのカールアイロンでスパイラル状に巻く。さらにストレートアイロンで、トップの髪を波巻き。

2

トップともみあげまわりの髪をゴムで一束に結び、毛束を引き出して高さを出す。

3

右オーバーは、トップのパート沿いにくるりんぱを3段施す。まずは顔まわりの髪を残して1段目のくるりんぱ。毛束を引き出してくずす。

4

\Point/ 細かく引き出してボリュームを

2段目のくるりんぱ。1段目の左右から毛束をとり、1段目の毛束を間に残して、左右の毛束のみをくるりんぱ。細かく毛束を引き出す。

5

3段目も2段目と同様に施術後、結び目を2のゴムの右側でピニング。左オーバーも同様にくるりんぱを3段繰り返し、2の左側でピニング。

6

右の顔まわりと耳上から毛束を2本引き出し、後ろに向かってロープ編み込みを施す。写真の位置まで編み込み、その先はロープ編み。

7

バックセンターを越えた位置まで編み進めたら、トップとオーバーの毛束に重ねてピニング。

8

左サイドも6〜7と同様、顔まわり〜バックに向かってロープ編み込みとロープ編みを施す。

9

8で編んだ毛束は、トップとオーバーのゴムを隠すように重ねてピニング。

テクニック＆デザイン キーワード ┊ スパイラル巻き 波巻き 3段くるりんぱ 引き出し
ロープ編み込み ロープ編み 引き出し

くるりんぱ＋α

Style 34

お呼ばれヘアに最適こなれ感
くるりんぱコンビネーション

Before

| Front | Back | Left | Right |

Blocking

| Front | Back | Left | Right |

Hair data　毛量：普通　硬さ：普通　太さ：普通　クセ：無

1

顔まわりの髪をあらかじめおろしておき、右サイドにくるりんぱをつくる。

2

左耳上の髪と左耳後ろをシェーノし、中間にくるりんぱをつくる。表面から毛束を引き出して、やわらかさと動きを出す。

\Point/ 左右で異なるくるりんぱデザイン

3

2の中間から毛先まで、3つのくるりんぱをつくる。逆サイドのくるりんぱは1つにとどめ、アシンメトリーにする。

4

3でくるりんぱした左右の毛束をバックで1つにまとめ、毛先2センチ程度を残してゴムで留める。毛先を丸めてハチ付近にピニング。

5

4でまとめた毛束の表面をつまんで引き出し、やわらかさと動きを出す。

6

トップ表面の毛束をつまんで引き出し、高さと動き、やわらかさを出す。

7

バックのアンダーを中心に、ムースをたっぷりもみ込むようにつけてツヤ感と束感、ボリュームを出す。

8

両サイドとバックそれぞれの結び目に1つずつ、目の粗いレース状のリボンをつける。

テクニック＆デザイン　キーワード　：　⬭ くるりんぱ ⬭　⬭ 連続くるりんぱ（3回） ⬭　⬭ 引き出し ⬭

くるりんぱ＋α

ソフトなおだんごを土台に
ふわふわ感と華やかさを

Style 35

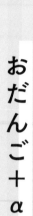

シニヨンをカジュアルダウンさせたような「おだんご」は、一般のお客さまにもなじみのあるデザイン。プロならではのさまざまな複合技により、洗練されたまとめ髪に。

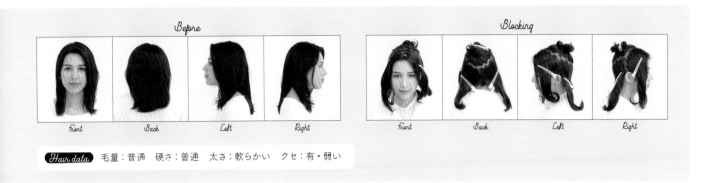

Before　Front　Back　Left　Right

Blocking　Front　Back　Left　Right

Hair data　毛量：普通　硬さ：普通　太さ：軟らかい　クセ：有・弱い

1

トップの毛束を後方へ引き出し、ゴムで一束に結ぶ。表面から毛束を引き出し、やわらかいボリューム感を出す。

\Point/ おだんごで土台をつくる

2

1で一束に結んだ毛束を、バック中央でゆるめのおだんご状にまとめ、これを土台とする。

3

左バックサイドから毛束を引き出し、ねじりながら土台の下を通して、土台の右側でピニング。毛先は残す。

4

右バックサイドの毛束も同様に、ねじりながら土台の下を通し、土台の左側でピニング。毛先は残す。

5

前髪の一部を残してフロントと左サイドから毛束を引き出し、ねじりながらバックの土台に留める。

6

左バックに残した毛先をほぐして散らし、動きを出す。右バックも同様に。

おだんご＋α

テクニック＆デザイン　キーワード　┊┊　一束　おだんご　ツイスト　ほぐし

Style 36

高い位置におだんごを配し
新鮮なフォルムを形成

Before				Blocking			
Front	*Back*	*Left*	*Right*	*Front*	*Back*	*Left*	*Right*

Hair data 毛量：普通　硬さ：普通　太さ：普通　クセ：有・弱い

1

バック・オーバーの髪をゴールデンポイント付近で一束に結ぶ。テール部分を2つに分け、片方のみを毛先までロープ編み。

\Point/ 前後にずらしておだんごをつくる

2

ロープ編みした毛束と編んでいない毛束を頭頂部付近でおだんご状に丸めてピニング。ミドルの髪も1〜2同様、GP※付近でおだんご状に。
※GP＝ゴールデンポイント

3

アンダーは3分割。右の毛束をねじり上げ、頭頂部付近のおだんごに巻きつけた後、左の毛束をねじり上げ、根元の毛束を引き出してゆるめる。

4

3は頭頂部のおだんごにピニング。アンダー中央も3と同様にねじり上げた後、根元から毛束を引き出してゆるめ、GPのおだんごにピニング。

5

右サイドも同様にねじり上げて根元の毛束を引き出してゆるめ、GPのおだんごにピニング。左サイドも同様にし、頭頂部のおだんごにピニング。

6

2つのおだんごの表面から、バランスを見ながら毛束を引き出し、カジュアルな質感をつくる。

テクニック＆デザイン　キーワード　┊　おだんご　　ロープ編み　　引き出し　　ツイスト

おだんご＋α

Style 37 シニヨンとおくれ毛で 華麗な大人の表情に

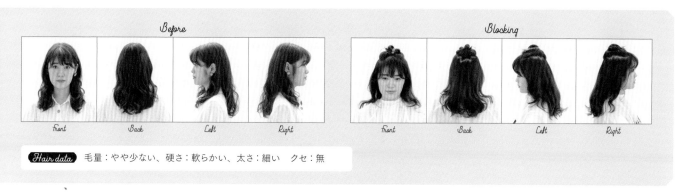

Hair data　毛量：やや少ない、硬さ：軟らかい、太さ：細い　クセ：無

1

トップの毛束を分けとり、それ以外のバックサイドの髪は後方に集めて一束に結ぶ。

2

1の一束は毛先を逃しておだんご状にまとめる。

3

1で分けとったトップの毛束を後方にダウンステムで引き出し、三つ編み。

4

三つ編みの編み目を引き出すとともに、トップ表面の毛束も引き出し、くずしを加える。

Point おだんごの周囲に三つ編み模様を 5

三つ編みした毛束を2のおだんごに巻きつける。

6

毛先を残し、巻きつけた毛束をおだんごに留める。

7

2と6で残した毛先を合わせて三つ編みし、編み目をくずす。

8

7の三つ編みした毛束をおだんごに巻きつけて、毛先をピニング。

テクニック＆デザイン　キーワード　｜　一束　｜　おだんご　｜　三つ編み　｜　くずし

おだんご＋α

Style 38

かっちり過ぎずくずし過ぎず
ゆるおだんごのシンプルアップ

Before				Blocking			
Front	Back	Left	Right	Front	Back	Left	Right

Hair data 毛量：やや少ない　硬さ：やや軟らかい　太さ：やや細い　クセ：有・弱い

1

バックのオーバーにだ円形ベースをとり、ゴールデンポイントの位置で一束に結んでおだんごをつくる。毛先はおろしておく。

Point! おだんごを回転させてほぐす

2

1のおだんごを左右に広げ、8の字状に回転させてほぐし、アメピンで固定。これを根とする。

3

1で残した毛先を、根に巻きつける。毛先は内側へ入れ込み、ピニング。

4

バックのアンダーを縦3つに分け、左の毛束を斜め上方向にねじる。この時、お客さまにあごを上げてもらうと、ネープのたるみを防げる。

5

4でねじり上げた毛束は、根を囲むように巻きつけ、毛先を内側へ入れ込んでピニング。右の毛束も4〜5と同様に施術。

6

アンダー中央の毛束は左上にねじり上げ、5と同様に根に巻きつける。毛先は内側に入れ込んでピニング。

7

左サイドの毛束を後方へ引き出してねじり、根を囲むように巻きつける。毛先は内側へ入れ込んでピニング。

8

フロント〜トップの毛束を2つに分け、それぞれバック側へツイストしながら根の周囲に巻きつける。毛先は内側へ入れ込んでピニング。

テクニック＆デザイン　キーワード

一束	おだんご	ほぐし
巻きつけ	ツイスト	

おだんご＋α

Style 39 ローウエイトのシニヨンは
ゆるラフだけど動きはしっかり

Front　Back　Left　Right

Blocking

Front　Back　Left　Right

Hair data 毛量：やや少ない　硬さ：普通　太さ：やや細い　クセ：無

1

顔まわりを厚めに残し、トップとミドルの髪をバックに集める。

2

バック中央付近で一束をつくり、表面を引き出して動きを出す。

3

バックのアンダーと一束の毛先を合わせて一束に結ぶ。

4

3の一束のテール部分を三つ編み。毛先を10センチ程度残しておく。

5

4の三つ編みをシニヨン状に丸め、ゴムで結ぶ。

\Point/ やわらかいニュアンスに

6

シニヨンの表面を引き出して動きを出す。

7

髪飾りをつけた後、5の毛先をまとめてねじる。

8

5で丸めた三つ編みの左側から7を時計まわりに（ゴムを隠すように）通し、ピンで留める。

9

顔まわりを26ミリのカールアイロンで形づけ、動きを出す。

テクニック＆デザイン **キーワード** ┊ 一束　シニヨン　引き出し
三つ編み　ツイスト

おだんご＋α

Style 40

くずしたクセ毛風の質感と
ミニおだんごでアクセントを

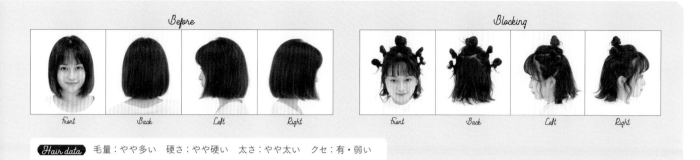

Before				Blocking			
Front	Back	Left	Right	Front	Back	Left	Right

Hair data 毛量：やや多い　硬さ：やや硬い　太さ：やや太い　クセ：有・弱い

1

25ミリのカールアイロンで全頭の根元〜中間を巻いた後、オーバーをざっくりと表三つ編み。毛束をねじりながら編み、立体感を出す。

2

表面の毛束を引き出してくずし、高さとボリュームを出す。

3

\Point/ 編んだ毛束をミニおだんごに

1で三つ編みした毛束をバックセンターで小さなおだんご状に丸め、毛先は内側へピニング。このおだんごをデザインのアクセントにする。

4

サイドの毛束を上下に分け、上段を後方へロープ編み。毛先はおだんご付近でピニング。

5

下段の毛束も後方へロープ編み。

6

5の毛先は、3でつくったおだんごの表面にかぶせてピニング。逆サイドでも4〜6と同様に施術後、編み目から毛束を引き出してくずす。

7

両サイドに髪飾りをつける。右側に大きな飾りをつけて左側は少し控えめにし、アシンメトリーなバランスに。

8

19ミリのカールアイロンで、顔まわりのおくれ毛をリバースに巻く。毛先は外側へ流し、顔まわりをすっきり見せる。

テクニック＆デザイン　キーワード ┊ ねじり三つ編み｜引き出し｜おだんご｜ロープ編み｜くずし｜リバース巻き

おだんご＋α

Style 41　ラフな質感とくずしで
こなれたおだんごデザインに

Hair data　毛量：やや多い　硬さ：普通　太さ：普通　クセ：無

1

25ミリのカールアイロンで全頭の根元〜中間を巻いた後、バックのハチ上、ハチ下をそれぞれざっくりと中央で結んでおだんご状にする。

2

トップの表面から毛束を引き出し、高さを出す。

\ *Point* / おだんごの毛先をくずす

3

ハチ上のおだんごの毛先をねじり、ねじり目から毛束を引き出してくずす。

4

3でねじった毛束を結び目に巻きつけてピニング。

5

ハチ下のおだんごも3〜4と同様に、毛先をねじってくずし、結び目に巻きつけてピニング。

6

ハチ上のおだんごを扇状に開き、形を整える。下のおだんごも同様に。ハチ上のおだんごの方が大きくなるよう、開き具合を調整する。

7

右サイドの毛束を後方に引き、ロープ編み。

8

7でロープ編みした毛束をバックの2つのおだんごのすき間を埋めるように配置し、毛先は左バックでピニング。左サイドも同様に。

テクニック＆デザイン　キーワード　┆　おだんご　引き出し　ツイスト　ロープ編み

おだんご＋α

ローウエイト

気品あふれるローウエイトのデザインを集めました。全体に落ち着いた印象ながらも、さりげない動きや質感の工夫で、晴れの日にふさわしい華やかさを醸しています。

Style 42

４つのロールをくずして
やわらか質感つくる

Hair data 毛量：やや多い　硬さ：やや軟らかい　太さ：やや細い　クセ：無

1

全頭をホットカーラーで巻き、強めにカールをつける。ネープと耳後ろは逆巻き、それ以外は内巻きに。

2

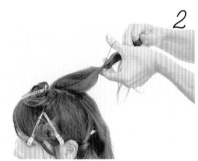

トップの毛束をアップステムに引き出し、根元にゆとりを持たせてゴムで結ぶ。

3

正中線に沿って、くるりんぱを3段施す。

4

\ Point / ロールをくずしてラフな質感に

左オーバー〜ミドルの毛束に、たわら形のすき毛を巻きつける。耳上で前上がりに巻きおさめてピニング後、ロールの面を横に広げてくずす。

5

左ネープもすき毛を軸にロールをつくり、4の下へ巻きおさめてピニング。同じようにロールの面をくずす。

6

ネープ中央と3の毛先を合わせて5と同様にロールをつくり、くるりんぱの下に留める。右ネープも同様。前下がりにして耳後ろで留める。

7

右サイドは毛流れをつくりながら後方に引き、毛束中間をロールの上にピンで留める。毛先はカールを遊ばせて適宜ピニング。

8

左サイドは後方に引き、中間からツイストして3のくるりんぱの横に留める。毛先は遊ばせて適宜ピニングする。

9

フロントトップを左サイド側に引き、毛先をループ状に形づけてピニング後、バングも左サイド側に引き、額に沿うようにネジピンを打つ。

テクニック＆デザイン　**キーワード**　┊　3段くるりんぱ　┊　すき毛　┊　ロール
　　　　　　　　　　　　　　　　　　　　ローウエイト　┊　ツイスト　┊　ループ

ローウエイト

Style 43 ローウエイトのロールシニヨンに
上品さとやわらかな動きを

Before

Front　Back　Left　Right

Blocking

Front　Back　Left　Right

Hair data 毛量：普通　硬さ：硬い　太さ：普通　クセ：有・弱い

1

バック右下に一束をつくり、中間〜毛先に軽く逆毛を立て、毛先からすき毛を巻きつけていく。

Point 扇状に広げてシニヨンに

2

巻き終えた髪を扇状に広げ、形を整えてピンで留める。

3

バック左側にも一束をつくり、同様に軽く逆毛を立ててすき毛を巻きつけた後、扇状に広げ、形を整えてピニング。

4

左サイドはおくれ毛を残し、内側に軽く逆毛を立てた後、後方へ引き出して毛先からすき毛を巻き込む。耳後ろ付近で、形を整えてピニング。

5

右サイドも顔まわりを少量残し、毛束の内側に逆毛を立てた後、面を整えてひとまとめにする。

6

5の毛束を、2と3のロールの間に通し、2のロールに下から巻きつけてピンで留める。

7

フロントトップの毛束を真上に引き出し、根元に逆毛を立てた後、面を整えながら後方へシェープし、3と4のロールの間に通す。

8

さらに3のロールに下から巻きつけ、ロールの右側で留める。

9

残しておいた顔まわりの毛束は、左側はそのまま残し、右側は曲線的に毛流れを整えて2のロールの上に留める。

テクニック&デザイン キーワード ┊ 一束　逆毛　すき毛
ロールシニヨン　シェープ　ローウエイト

ローウエイト

103

Style 44

洗練ボブ風フォルムに
変形シニヨンでアクセント

Hair data 毛量：多い　硬さ：硬い　太さ：やや太い　クセ：有・弱い

1

右サイドの毛束を後方にコームでとかしつけ、耳後ろでゆるく一束に結んでくるりんぱ。根元が浮かないよう、毛先を左右に引いて締める。

2

右バックの毛束をしっかりコーミングしてゆるめに結ぶ。毛束を引き出す時にくずれないよう、毛流れを整えておく。

3

中間の毛束を引き出してたわませる。

Point たわませてボリュームを

4

毛先をシリコンゴムで結び、ゴムとゴムの間の毛束をつまんでたわませる。

5

左バックも同様に、2〜4の工程を繰り返す。

6

4の毛先を根元側のゴムに巻きつけて毛束を押し上げ、リボンの片側のような形に整えて、右バックの低めの位置にピニング。

7

左の毛束も7と同様に施術。右よりもやや高い位置にピニングする。毛先をつまんで引き出し、フォルムを整える。

8

バングは斜めに流して中間を仮留めし、こめかみ付近でクロス留めにする。

9

バングの中間〜毛先をゆるく三つ編みし、耳上でフラットなループ状に丸めてピニング。これを土台とし、最後に髪飾りをつけて完成。

テクニック＆デザイン　キーワード

コーミング	くるりんぱ	変形シニヨン
ローウエイト	三つ編み	ループ

Style 45

3種類の編み方を
重ねて立体感をつくる

Hair data　毛量：普通　硬さ：軟らかい　太さ：細い　クセ：有・弱い

1

フロント〜トップをホットカーラーで根元巻きした後、20ミリのカールアイロンで全頭をリバース、フォワード交互に巻く。

2

トップはテンションをかけずに後方に引き、ふんわりと高さを出してバックトップにピニング。

3

耳後ろのに薄く伸ばしたすき毛を置いてピンで留め、土台とする。

4

右サイドの髪を後方に引いてすき毛にかぶせ、毛束の中間をねじって2の下に留める。逆サイドも同様に。毛先は下の髪となじませておく。

5

左バックサイドの毛束を、逆サイドに向かってロープ編み。土台まで編んだらピンで留め、毛先はおろしておく。右バックサイドも同様に。

6

右三ツ衿付近の髪を、6と同様に逆サイドへ向かってロープ編み。

7

下におりている毛束の端まで編んだらピンで留め、毛先を下の髪となじませておく。左三ツ衿付近の髪も6〜7と同様に施術。

8

ネープにおりている髪をすべてまとめ、毛先まで丸型三つ編みを施す。表面の毛束を引き出してくずし、ゴムで結ぶ。

9

\Point/ **右寄りのネープシニヨンに**

8の毛束を内巻きにして、ネープ右側にボリュームが出るようにまとめてピニング。その後、左耳後ろに髪飾りをつける。

テクニック＆デザイン　**キーワード** : 　根元巻き　　ミックス巻き　　すき毛　　ツイスト　　ロープ編み
丸型三つ編み　　ネープシニヨン　　アシンメトリー　　ローウエイト

衿足をたわませて
やわらかさを表現
Style 46

Before

Front　　Back　　Left　　Right

Blocking

Front　　Back　　Left　　Right

Hair data　毛量：普通　硬さ：軟らかい　太さ：普通　クセ：有・弱い

1

ハチラインでジグザグスライスをとり、バックの左1/3を残し、低い位置で一束に結んでシニヨンをつくる。これを土台とする。

2

トップの毛束を後ろへ引き出し、中間からゆるいツイスト編みに。土台を包むように編み進め、土台の下で留める。

3

右サイドの毛束を後方に引き出し、ゆるめのツイスト編みにして土台の左側に留める。

4

左サイドから左ネープに向かってツイスト編み込みを施す。

5

\Point / 衿足をたわませて編み込む

衿足をたわませるようにざっくりと編み込み、毛先は土台の右側へ入れ込んでピニング。

6

フロントの毛束は、中間から軽くねじりながらバック側へ方向づけ、毛先は土台の上部に留める。

ローウエイト

テクニック＆デザイン　キーワード

一束	シニヨン	土台
ツイスト編み	ツイスト編み込み	ローウエイト

Style 47

ネープシニヨンには
編み込み模様で華やかさを

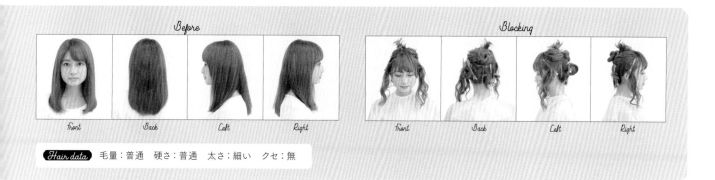

Before — Front　Back　Left　Right

Blocking — Front　Back　Left　Right

Hair data　毛量：普通　硬さ：普通　太さ：細い　クセ：無

1

バックのオーバーの髪を三つ編み込み。耳上の高さまで編み込んだらその先は三つ編み。その後、表面から毛束を引き出してくずす。

Point 編み込んだ毛束をシニヨンに

2

三つ編みした毛束を、低めの位置でシニヨン状に丸め、毛先を内側へ入れ込んでピニング。これを土台とする。

3

バックのアンダーは左右に2分割。左のセクションは毛先まで三つ編みし、表面から大きく毛束を引き出してくずす。

4

3の毛先を斜め上に持ち上げ、2の土台に向かってピニング。アンダーの右側も3〜4と同様に施術する。

5

両サイドの毛束は後方へ引き、三つ編みしてほぐした後、それぞれ1の結び目にピニング。

6

残った毛先は土台のシニヨンに巻きつけ、ネープ付近で内側へ入れ込んでピニング。

ロ ー ウ エ イ ト

テクニック＆デザイン　キーワード　：｜　三つ編み込み　三つ編み　ネープシニヨン
土台　くずし　ローウエイト

ハイウエイト

最後は、アップの王道・ハイウエイトのデザイン集。衿足の上げ方やフロント〜トップのデザイン設計、おくれ毛の処理など、見どころ・学びどころが満載です。

Style 48

面の美しさと編み込みで
バランスのとれた構成に

Hair data　毛量：やや少ない　硬さ：やや軟らかい　太さ：やや細い　クセ：無

1

トップ～バックのオーバーに逆三角形ベースをとり、ゴールデンポイント付近で一束に結んで土台とする。

2

毛先を逃がして1の土台にだ円形のすき毛を固定後、両耳後ろとネープをブラシで斜め上にシェープする。

\Point/ テールを使って夜会巻き風に

3

コームのテールを使い、すき毛をおおうようにねじり上げて夜会巻き風の面をつくる。

4

3を1の根と合わせて一束に結ぶ。

5

右サイドをバック方向へシェープし、中間をゴムで結んでくるりんぱ後、表面をくずしてハチ付近にピンで留める。

6

左サイドとフロントトップをバック方向へシェープし、中間をゴムで結んでくるりんぱ後、表面をくずしてやわらかさと動きを出す。

7

6の毛先で再度くるりんぱし、表面をくずして耳上に留める。

8

トップを左右に分け、右の毛束をロープ編み。表面をくずし、左サイドに留める。

9

左の毛束を四つ編み。表面をくずし、左耳上に留める。

テクニック＆デザイン　キーワード

| 土台 | 一束 | すき毛 | シェープ | 夜会巻き風 |
| くずし | 連続くるりんぱ | ロープ編み | 四つ編み | ハイウエイト |

ハイウエイト

113

Style 49

毛先の "半ひねり" が
やわらかさの秘訣

Hair data 毛量：やや多い　硬さ：硬い　太さ：やや太い　クセ：無

1

ゴールデンポイント付近にシニヨンをつくり、毛束を引き出してくずした後、その上側に薄く伸ばしたすき毛を置き、ピンで留める。

2

フロントの毛束を手グシで後ろに引く。あまりテンションをかけず、指で筋を残すイメージ。

3

2で後ろに引いたフロントの髪を前に押し戻して高さを出し、すき毛の上にピンで留める。

4

右サイドは根元の立ち上がりをつぶさない程度に手グシでざっくりと上げる。毛先をまとめて半回転ひねり、すき毛に重ねてピニング。

5

左サイドも同様に手グシで上げ、すき毛の上にピンで留める。

6

\Point/ きっちり上げ過ぎず自然な丸みを

ネープの根元から中間に逆毛を立てた後、軽く面を整えてとかし上げ、毛先を半ひねりしてミドル下にピンで留める。

7

8の毛先とミドルを合わせ、根に向けて上げる。コームのテールで毛流れと立体感をつくる。

8

毛先を半ひねりしてまとめる。下に押し戻すようにしてボリュームを出し、ピンで留める。

9

根の周辺を中心に、バランスを見て髪飾りをつけた後、トップの毛束を広げるようにしてくずし、全体のバランスを整える。

テクニック＆デザイン 　キーワード ┊┊┊ ┌─────┐ シニヨン ┌─────┐ くずし ┌─────┐ すき毛 ┌─────┐ 半回転ひねり
┌─────┐ 逆毛 ┌─────┐ シェープ ┌─────┐ ハイウエイト

Style 50

ツイストの表面をくずし
高さとボリュームをつくる

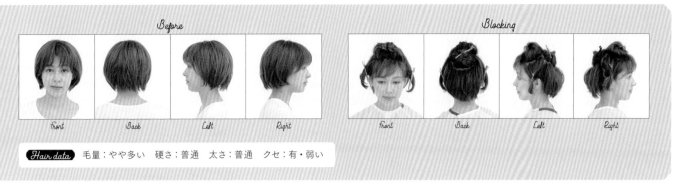

Before			
Front	Back	Left	Right

Blocking			
Front	Back	Left	Right

Hair data 毛量：やや多い　硬さ：普通　太さ：普通　クセ：有・弱い

1

ホットカーラーで仕込み後、バックにだ円形のベースをとってゆるくねじる。さらに毛先から根元に向け、ブラシで逆毛を立ててボリュームを出す。

2

逆毛を立てた部分を残し、根元をねじり込む。ねじり目は2つのピンを交差させて固定し、留めた部分を土台とする。

3

衿足はダウンステムに引き出してねじり、さらに表面から毛束を引き出してくずす。ステムを上げると根元がくずせないのでNG。

4

3の毛束の毛先を持ち上げ、土台にピニング。衿足をすっきりと上げる。

5

サイドは顔まわりを残し、それ以外をざっくり小分けに。それぞれ後方にツイストし、表面から細かく毛束を引き出す。毛先は土台に固定。

6

\Point/ **アップステムでツイスト**

トップを3分割し、バック側から施術。ステムを上げて毛束を引き出し、毛先までツイスト後、表面から大きく毛束を引き出してくずす。

7

6の毛束を土台にピニング。ほか2つのパネルも同様にツイストし、フォルムのバランスを見ながら表面から毛束を引き出してくずす。

8

フェイスライン付近に残したおくれ毛を、26ミリのカールアイロンでリバースに巻き、顔まわりに動きをつける。

9

カールをつけた毛束をつまみながら、毛流れを整える。さらに、ほどよいキープ力のあるハードスプレーを全体にふきつける。

テクニック＆デザイン　キーワード

逆毛	土台	ツイスト
くずし	リバース巻き	ハイウエイト

ハイウエイト

Style 51

やわらかな毛流れでつくる
高さとボリューム感

Hair data 毛量：普通　硬さ：軟らかい　太さ：細い　クセ：無

1

バックのオーバーはゴールデンポイントで一束に結んで土台をつくった後、ミドルの根元から中間に逆毛を立てる。

2

ドーナツ状にすき毛を成形し、1のテールに通して写真のように固定する。

3

\Point/ 中央にくぼみをつくり立体感を

ブラシでミドルの面を整え、すき毛にかぶせて根の位置までシェープ後、毛先を押さえたまま、バックセンターの位置にアメピンを縦に入れる。

4

毛先をねじり、押し込むようにしてバックのフォルムにボリュームを出し、土台にピンで留める。

5

ネープを左右1：2で分け、左側を斜め上方向にシェープ後、ツイストしてミドルの下にピニング。右側も同様に行ない、左右抱き合わせに。

6

フロントは黒目幅で三角セクションをとり、たわみをつけてゴムで結ぶ。結び目は土台にピニング。

7

6の毛先とフロントトップを合わせ、手グシで後方に引く。毛束をねじってまとめ、すき毛にピンで留める。毛先は残しておく。

8

サイドと顔まわりを合わせて根に向かってとかし、中間をツイストしてすき毛にピンで留める。毛先は残しておく。

9

7、8で残しておいた毛先をツイストし、毛束を引き出してくずす。それぞれすき毛を隠すようにして土台に留める。

テクニック＆デザイン ・・・・ キーワード ・・・・

| 一束 | 土台 | 逆毛 | すき毛 |
| シェープ | ツイスト | くずし | ハイウエイト |

Style 52 衿足スッキリの夜会風に
表面のねじりで変化をつける

Hair data　毛量：やや多い　硬さ：普通　太さ：普通　クセ：有・強い

1

バックの中央に逆三角形のベースをとり、毛先までツイスト状に編んだら、丸く巻き込んでピニング。これを土台とする。

2

バック〜サイドは正中線で左右に2分割。土台の下、バックのミドルセクションの内側に、根元から逆毛を立てる。

3

左サイド〜バックの表面をブラッシングし、斜め上に向けてシェープする。

4

3をひねり上げ、分け目を隠すように土台に巻きつけて右上でピニング後、毛先をタイトにねじる。土台の上でフラットに折り返して固定。

5

右サイド〜バックも3と同様にシェープ後、左の面に重ねてねじり上げ、土台にピニング。毛先は4と同様にねじり、4の上に折りたたんで固定。

6

トップの内側・中間〜根元に逆毛を立てた後、右方向へねじり、土台に沿わせながらループ状に形を整え、毛先をネジピンで土台に留める。

7

フロントは分け目が見えないよう、レンガ状にスライスを設定。それぞれのパネルを後方に引き出し、ゆるめにねじる。

8

7でねじった毛束の表面から細かく毛を引き出してくずし、土台にピニング。残った毛先はサイドでループ状にしてまとめる。

9

Point フロントには細かい束感を

前髪は根元を浮かせ、後方に毛束を引き出してねじる。ねじった毛束の表面から細かく髪を引き出し、表面の束感を調整。

テクニック＆デザイン　**キーワード** ┈┈┊ ツイスト編み　土台　逆毛　シェープ

ツイスト　ループ　引き出し　ハイウエイト

ハイウエイト

Style 53

日本髪風フォルムに
ほどよいくずしを効かせる

Hair data 　毛量：多い　硬さ：硬い　太さ：やや太い　クセ：有・弱い

1

バック中央に逆三角形ベースをとって三つ編みし、ベース内で丸めてピニング。この土台よりやや小さめのすき毛を固定し、頭の凹みを補整。

2

ネープの髪をかぶせた時に、内側となる部分の中間〜根元に逆毛を立てる。

3

ネープの表面をシェープしてすき毛にかぶせ、ゴールデンポイントやや下の位置で一束に結ぶ。毛先はおろしておく。

4

トップから毛束を分けとり、内側の根元〜中間に逆毛を立てた後、毛先にだ円形のすき毛を巻きつける。

5

4のすき毛を根元まで巻き込んでピニング。表面から毛束をつまんで引き出し、シニヨンの面にやわらかいニュアンスを出す。

6

右サイドの毛束を後方にシェープ後、内側の毛先に小さめのすき毛を巻きつけ、根元まで巻きおさめてピニング。左サイドも同様に。

7

3のテールを表三つ編み。この時、毛束を引き出しながら編むと編み目が安定する。毛先を結び、バックセンターで丸めてピニング。

8

オーバーを2つに分けてそれぞれロープ編みする。毛束を引き出しながら編み、毛先をシリコンゴムで結ぶ。

9

\Point/ 高さとルーズ感を出す

8の2本を交差させて、ゴールデンポイントのやや上にピニング。交差させることで高さを出し、毛束を引き出すことでルーズ感を演出。

テクニック＆デザイン　キーワード

| 三つ編み | 逆毛 | 土台 | すき毛 | シェープ |
| シニヨン | くずし | ロープ編み | ハイウエイト |

ハイウエイト

バックはゆるみなく上げて
フロントで旬の質感を表現

Style 54

	Before				Blocking		
Front	Back	Left	Right	Front	Back	Left	Right

Hair data　毛量：やや少ない　硬さ：やや軟らかい　太さ：やや細い　クセ：有・弱い

1

26ミリのカールアイロンでウェーブ状にクセづける。トップは波巻き それ以外はリバース、フォワード交互に巻く。

2

バックセンターの高い位置に逆三角形のベースをとって一束に結び、土台をつくる。厚めのすき毛をピンで留め、土台周辺の毛束に逆毛を立てる。

Point / ゆるみなくシェープする　3

バックのアンダーをブラシでタイトにとかし上げ、2の土台にかぶせて一束に結ぶ。

4

一束に結んだ毛先をロール状に形づけ、土台の右横にピンで留める。

5

右バックサイドの毛束を左方向にツイスト編み。要所をくずしながら編み進め、毛先をゴムで結んだ後、生え際で毛束を折り返してピニング。

6

右サイドもツイスト編み。表面を引き出してくずしながら編み進め、毛先をゴムで結んで土台付近にピニング。

7

前髪中央の毛束を生え際で丸め、要所をピンで留める。

8

左サイドをツイスト編み。毛束の表面を引き出し、毛先をゴムで結ぶ。その後、フロント側に折り返し、毛先を内側に入れ込んでピニング。

9

フロントトップを左方向にツイスト編みし、毛先を結んで耳後ろにピニング。バックトップも同様に行なうが、毛先は逃がしてハネ感を出す。

テクニック＆デザイン　キーワード
・・・・・
| ハイウエイト | 波巻き | ミックス巻き | 一束 | 土台 |
| 逆毛 | ロール | ツイスト編み | くずし | |

アップ・アレンジ
トレンドのツボ

巻頭のアップ・アレンジ8変化および54スタイルのデザイン＆レシピ帖、いかがでしたか？ 最後に、今回ご紹介した62スタイルをあらためて分析・検証。そこから見えてきたまとめ髪デザインの傾向や新たな潮流などを、総括します。

Point 1　ふわふわ、もこもこ人気は継続

右は、本書で使われる頻度が高かったイメージワードを一覧にしたもの。特に上の2つ「ふわふわ」と「もこもこ」を想起させるデザインが目立って多く見られた。少なくともここ数年間は、まとめ髪のトレンドを代表するワードであるとも言える。華やかなお呼ばれシーンと相性が良いからか、今後もこの傾向は中・長期的に続くものと予想される。

使用頻度が高かった
イメージワード

- ・ふわふわ（ふんわり）
- ・もこもこ
- ・軽やか
- ・やわらか（ソフト）
- ・ツヤ感
- ・ルーズ（ゆるい）
- ・ランダム

- ・ラフ
- ・こなれた
- ・抜け感
- ・クール
- ・クラシカル
- ・タイト

※「上品」「華やか」「フォーマル」など、晴れの日やお呼ばれのまとめ髪に
　必須なワードは除く

Point 2 おくれ毛重視の傾向も継続

今回掲載したスタイルの大半が、顔まわりにおくれ毛を残し、その量や巻き方などにこだわりが見られるスタイルだった。おくれ毛へのアプローチもさまざまで、具体的には下に記した通り。衿足やトップ、サイド、バング等、セクションごとにデザインを組み立てる上で、このおくれ毛も重要なデザインパーツとして捉える必要がある。

おくれ毛へのアプローチ例

- 衿足におくれ毛を残す
- スパイラル状に巻く
- 外ハネにクセづける（リバースに巻く）
- 細かいカールをつける
- ワンカールをつける
- リバースとフォワード交互に巻く
- ウェーブ状に巻く
- ストレートアイロンでゆるい動きをつける

Point 3 「あえてくずさない」スタイルが台頭

毛束をねじったり編み込んだりした後、引き出してくずすスタイルは今や定番。その一方で、「あえてくずさない」という傾向もじわじわと広がりつつある。編み目を引き出さずにタイトにしたり、ツヤ感のあるロールをポイントとするなど、「くずさない」デザインに、今後ますます注目が集まっていきそうだ。

Point 4 「媚びないまとめ髪」へのニーズ

リボンやクラフトテープなどでテールをぐるぐる巻きにしたり、ポコポコとした形状にしたポニーテールアレンジを、最近見かけることが多い。こういったスタイルは、高明度・高彩度のヘアカラーと相性が良く、髪色を楽しむトレンドともあいまって、人気に火がついたものと思われる。前項の「くずさないスタイル」と同様に、少し個性的で媚びない印象のまとめ髪が、今後新たなトレンドになっていくのか、その動向に注目したい。

レングス別・全アングル集

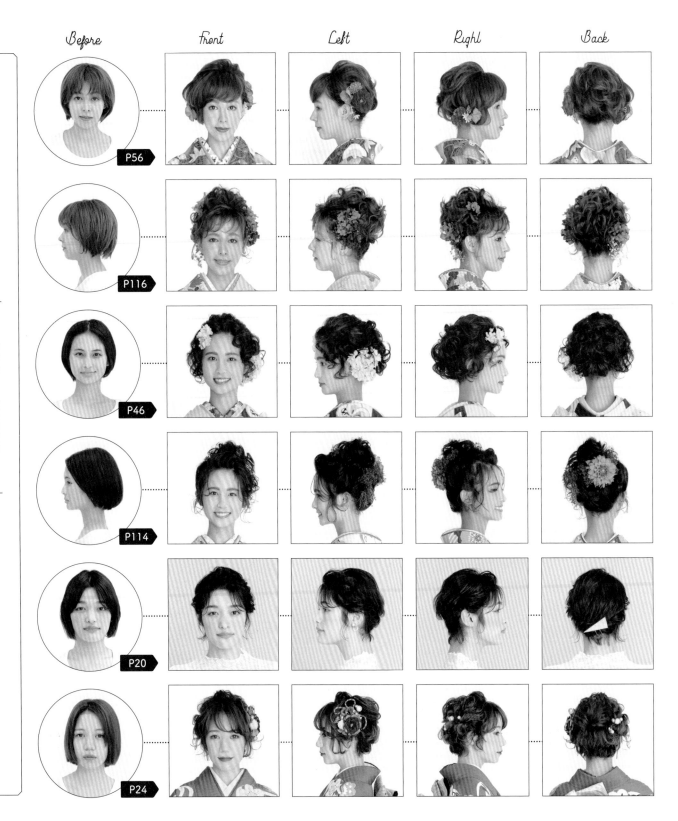

Before　　Front　　Left　　Right　　Back

SHORT 〜 BOB

P56

P116

P46

P114

P20

P24

本書掲載全作品の前・後・左・右４アングルを、レングス別に一覧化しました。
ウエイトやカール感、顔まわりのディテールなど、お客さまと一緒に見て確認してみましょう。

Before　Front　Left　Right　Back

P18
P52
P74
P50
P76
P84

SHORT ~ BOB

SHORT ~ BOB

Before　Front　Left　Right　Back

P96
P78
P68
P38
P72
P118

Before   Front   Left   Right   Back

P62

P86

P108

P07

P08

P08

MEDIUM ~ LONG

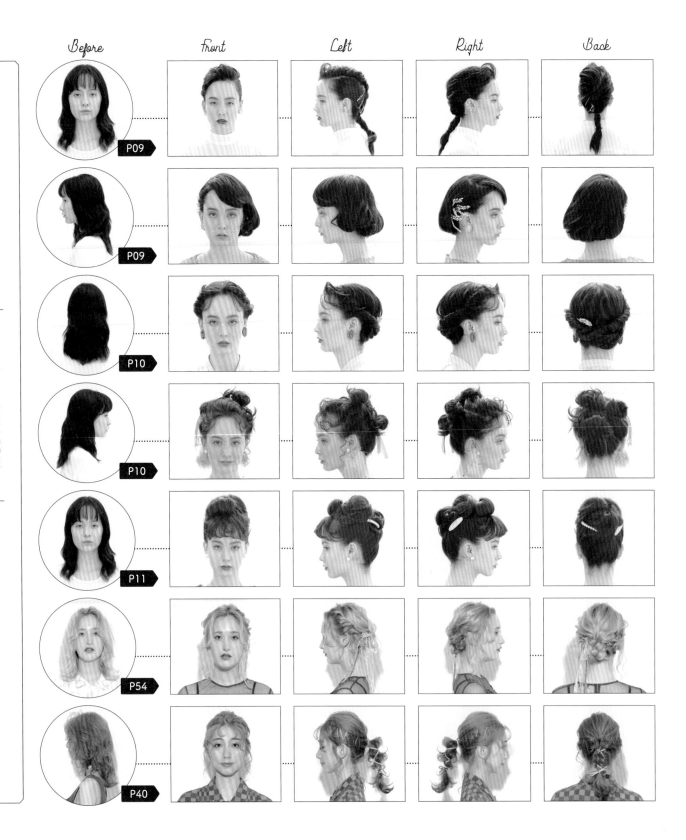

Before　Front　Left　Right　Back

MEDIUM ～ LONG

P09
P09
P10
P10
P11
P54
P40

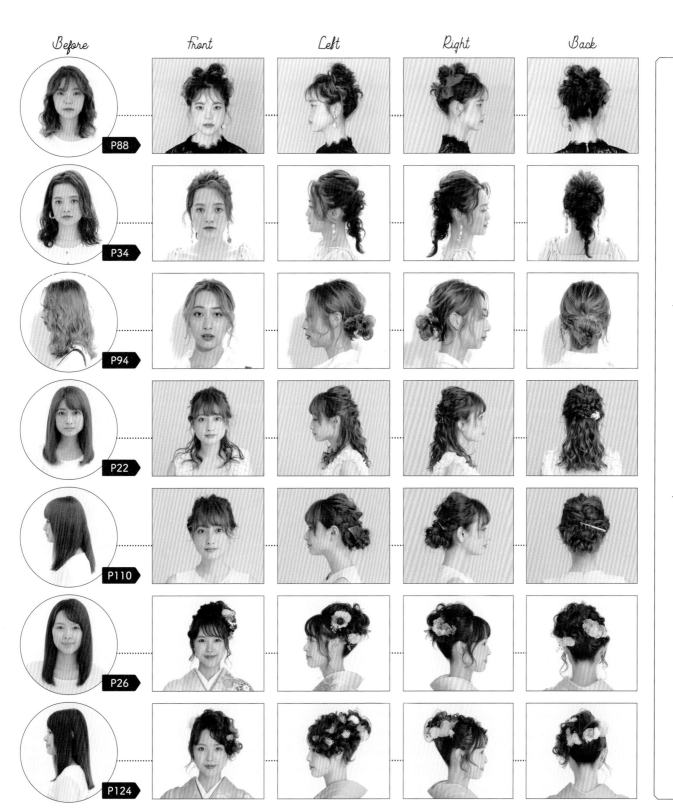

Before　　　Front　　　Left　　　Right　　　Back

P88

P34

P94

P22

P110

P26

P124

MEDIUM ~ LONG

133

MEDIUM 〜 LONG

Before　Front　Left　Right　Back

P90

P30

P50

P48

P28

P112

Before	Front	Left	Right	Back
P104				
P122				
P16				
P42				
P82				
P64				

Before	Front	Left	Right	Back
P66				
P102				
P36				
P100				
P44				
P98				

MEDIUM ~ LONG

Before   Front   Left   Right   Back

P60

P58

P106

P92

P32

P120

MEDIUM ~ LONG

List of all works

掲載ページ順

▶ P6 から P13

ヘア＆メイク
高橋亜季 [EMBELLIR]

▶ P16

Style 1

ヘア＆メイク 安宅あゆみ [BOTTOMS]
着付＆スタイリング 菊地咲絵
振袖 ¥130,000 ／きもの道楽（和風館
ICHI ／京都丸紅）袋帯 ¥35,000、半
衿 ¥10,000、伊達衿 ¥8,000、帯揚げ
¥18,000、帯締め ¥18,000 ／和風館
ICHI（京都丸紅） 髪飾り／ ROSESOR

▶ P18

Style 2

ヘア＆メイク 金子真由美 [BOTTOMS]
着付＆スタイリング 菊地咲絵
振袖 ¥68,000、袴 ¥42,000、半巾帯
¥23,000、半衿（参考商品）、伊達衿
¥12,000 ／ふりふ 髪飾り／チバセイサ
クショ

▶ P20

Style 3

ヘア 一番合戦 彩 [drive for garden]
メイク 武田美奈 [drive for garden]

▶ P22

Style 4

ヘア KOMAKI [GARDEN Tokyo]
メイク 横山ななみ [GARDEN Tokyo]

▶ P24

Style 5

ヘア 高橋真理恵 [ZA/ZA AOYAMA]
メイク 藤重未乃里
[ZA/ZA SHINJUKU]
着付 古川愛海 [ZA/ZA AOYAMA]
衣裳 Ondine 新宿店
髪飾り Milfelice (Milfelice Wedding)

▶ P26

Style 6

ヘア 斉藤弘之 [ZA/ZA AOYAMA]
メイク 西岡詩織 [ZA/ZA MEJIRO]
着付 小宮万実 [ZA/ZA SHINJUKU]
衣裳 Ondine 新宿店
髪飾り Milfelice (Milfelice Wedding)

▶ P28

Style 7

ヘア＆メイク 岩崎恵人 [FEERIE]
着付＆スタイリング 菊地咲絵
袴一式レンタル ¥50,000 ／ふりふ 半
衿 ¥15,000、伊達衿 ¥7,500 ／和風
館 ICHI（京都丸紅） 髪飾り／スタイリス
ト私物

▶ P30

Style 8

ヘア 一番合戦 彩 [drive for garden]
メイク 雲林院 優 [drive for garden]
着付＆スタイリング 菊地咲絵
袴一式レンタル ¥50,000、半衿
¥10,000、伊達衿 ¥5,000、髪飾り（2
点セット中1点使用）¥15,000 ／和風館
ICHI（京都丸紅） 半巾帯 ¥12,000 ／そ
してゆめ（和風館 ICHI ／京都丸紅）

P32

Style 9

ヘア＆メイク＆着付
鈴木富美子 [EMBELLIR]
袴一式レンタル ¥40,000 ／豆千代モダ
ン ヘッドドレス ¥9,000 ／からす（豆千
代モダン）

P34

Style 10

ヘア 井原早紀 [apish cherie]
メイク 浅子小百合 [apish cherie]

P36

Style 11

ヘア＆メイク CHIE [PearL]

P38

Style 12

ヘア＆メイク 衣川 光 [ALBUM 原宿]

P40

Style 13

ヘア＆メイク 伊藤佑記 [ALBUM 銀座]

P42

Style 14

ヘア＆メイク 安宅あゆみ [BOTTOMS]
着付＆スタイリング 菊地咲絵
袴一式レンタル ¥50,000、半衿
¥6,800、伊達衿 ¥7,500 ／和風館
ICHI（京都丸紅）、半巾帯 ¥12,000 ／
芸艸堂（和風館 ICHI ／京都丸紅）／髪飾
り（各、参考商品）／ふりふ

P44

Style 15

ヘア 古田千明 [ZACC Vie]
メイク 八代菜央 [ZACC Vie]
着付＆スタイリング 菊地咲絵
振袖 ¥78,000、袴 ¥42,000 ／ふりふ、
半衿 ¥13,000、伊達衿 ¥7,500 ／和風
館 ICHI（京都丸紅）、半巾帯 ¥12,000
／芸艸堂（和風館 ICHI ／京都丸紅）
髪飾り／ROSESOR

P46

Style 16

ヘア 平山 梢 [BiBi delight]
メイク 佐川友里 [BiBi aqueous]
着付 廣澤奈美子 [BiBi international]
衣裳 三松

P48

Style 17

ヘア 来原左和 [ZA/ZA MEJIRO]
メイク 西岡詩織 [ZA/ZA MEJIRO]
着付 平山彩乃 [ZA/ZA KAGURAZAKA]
衣裳 Ondine 新宿店
髪飾り milfelice (Milfelice Wedding)

P50

Style 18

ヘア 一番合戦 彩 [drive for garden]
メイク 雲林院 優 [drive for garden]
着付＆スタイリング 菊地咲絵
袴一式レンタル ¥50,000、半衿
¥15,000、伊達衿 ¥7,500 ／和風館 ICHI
（京都丸紅） 半巾帯 ¥12,000 ／芸艸堂
（和風館 ICHI ／京都丸紅）髪飾り ¥7,900
／ふりふ

P52

Style 19

ヘア＆メイク 金子真由美 [BOTTOMS]
着付＆スタイリング 菊地咲絵
振袖 ¥153,000、半衿 ¥15,000、帯揚
げ ¥23,000、帯留め（参考商品）／ふり
ふ、袋帯 ¥70,000、伊達衿（参考商品）
／三松、帯締め ¥38,000 ／和風館 ICHI
（京都丸紅）

P54

Style 20

ヘア＆メイク momo [SHACHU]

P56

Style 21

ヘア＆メイク＆着付
高橋亜季 [EMBELLIR]
衣裳 Ondine 渋谷店
髪飾り ROSESOR

P58

Style 22

ヘア 油井たかね [BiBi international]
メイク 外岡由麻 [BiBi delight]
着付 平井教美 [BiBi international]
衣裳 三松

P60

Style 23

ヘア 米澤ひとみ [ZENKO 八王子店]
メイク 平岩麻里衣 [ZENKO イトーヨーカ
ドー国領店]
着付 宮林ちえみ [ZENKO 吉祥寺店]
振袖 ¥100,000、袋帯 ¥70,000、半
衿 ¥9,800、伊達衿 ¥7,500、帯揚げ
¥18,000、帯締め ¥18,000 ／すべて和
風館 ICHI ／京都丸紅

P62

Style 24

ヘア 髙尾加奈恵 [TSUBOUCHI]
メイク 松本奈々子 [TSUBOUCHI]
着付 杉本るり [TSUBOUCHI]
写真 井関直也 [Pelican West]
衣裳 和の志よしおか

P64

Style 25

ヘア＆メイク 佐藤敦俊 [アトリエはるか]
着付＆スタイリング 菊地咲絵
浴衣 ¥35,000、帯 ¥13,000、帯締め（帯留め付き）¥9,500 ／撫松庵（新装大橋）、髪飾り ¥13,000 ／アトリエ染花

P66

Style 26

ヘア＆メイク 佐藤敦俊 [アトリエはるか]
着付＆スタイリング 菊地咲絵
浴衣 ¥35,000、帯 ¥13,000、帯締め（帯留め付き）¥12,000 ／撫松庵（新装大橋）、髪飾り ¥6,300 ／アトリエ染花

P68

Style 27

ヘア 桑原大貴 [ALBUM 原宿]
メイク 松枝杏樹 [ALBUM 原宿]

P72

Style 28

ヘア 米澤ひとみ [ZENKO 八王子店]
メイク 平岩麻里衣 [ZENKO イトーヨーカドー国領店]
着付 樫村雅美 [ZENKO 八王子アネックス店]
振袖 ¥100,000 ／和風館、袋帯 ¥70,000 ／きもの道楽、半衿 ¥12,000、伊達衿 ¥7,500、帯締め ¥18,000、帯揚げ ¥8,000 ／すべて和風館 ICHI（京都丸紅）、髪飾り ／ROSESOR

P74

Style 29

ヘア 一番合戦 彩 [drive for garden]
メイク 雲林院 優 [drive for garden]
着付＆スタイリング 菊地咲絵
振袖 ¥60,000 ／和風館（和風館 ICHI ／京都丸紅）袋帯 ¥70,000 ／tsumori chisato 半衿 ¥12,000、伊達衿 ¥7,500、帯揚げ ¥12,000、帯締め ¥18,000、髪飾り ¥12,000 ／和風館 ICHI（京都丸紅）

P76

Style 30

ヘア 高澤喬子 [アトリエはるか]
メイク 佐藤敦俊 [アトリエはるか]
浴衣 ¥35,000、帯 ¥13,000 ／ともに撫松庵（新装大橋）髪飾り ¥15,000 ／アトリエ染花

P78

Style 31

ヘア 赤井かおり [YOKOTA]
メイク 境井麻衣 [YOKOTA]
着付 横田勢津子 [YOKOTA]
衣裳 きものクリエイターはとり

P80

Style 32

ヘア 一番合戦 彩 [drive for garden]
メイク 雲林院 優 [drive for garden]
着付＆スタイリング 菊地咲絵
振袖 ¥100,000、袋帯 ¥70,000 ／和風館（和風館 ICHI ／京都丸紅）半衿 ¥15,000、伊達衿 ¥8,000、帯揚げ ¥18,000、帯締め ¥10,000、髪飾り ¥15,000 ／和風館 ICHI（京都丸紅）

P82

Style 33

ヘア 関根梨恵 [ZA/ZA MEJIRO]
メイク 美並 愛 [ZA/ZA MEJIRO]
着付 小宮万実 [ZA/ZA SHINJUKU]
衣裳 Ondine 新宿店
髪飾り milfelice (Milfelice Wedding)
ネイルシール インココ

P84

Style 34

ヘア CHII [ANTI]
メイク YUN [ANTI]

P86

Style 35

ヘア 高澤喬子 [アトリエはるか]
メイク 佐藤敦俊 [アトリエはるか]
着付＆スタイリング 菊地咲絵
浴衣 ¥35,000 ／きもの道楽／和風館 ICHI（京都丸紅）帯 ¥12,000 ／芸艸堂／和風館 ICHI（京都丸紅）帯締め（帯留め付き）¥1,900 ／和風館 ICHI（京都丸紅）髪飾り ¥3,200 ／撫松庵（新装大橋）

P88

Style 36

ヘア＆メイク KAORI [ANTI]

P90

Style 37

ヘア 藤原 駿 [apish ginZa]
メイク tomo [apish ginza]

P92

Style 38

ヘア 鈴木富美子 [EMBELLIR]
メイク 宮寺真悠 [EMBELLIR]

P94

Style 39

ヘア＆メイク 太田祐哉 [ALBUM 新宿]

P96

Style 40

ヘア＆メイク 福間エリサ [ZACC Vie]
着付＆スタイリング 菊地咲絵
袴一式レンタル ¥50,000 ／ふりふ 半衿 ¥13,000、伊達衿 ¥8,000 ／和風館 ICHI（京都丸紅）半巾帯 ¥12,000 ／芸艸堂／和風館 ICHI（京都丸紅）髪飾り ／ROSESOR

P98 *Style 41*

ヘア　古田千明 [ZACC Vie]
メイク　八代菜央 [ZACC Vie]
着付＆スタイリング　菊地咲絵
振袖一式レンタル ¥60,000／豆千代モ
ダン　髪飾り／ROSESOR

P100 *Style 42*

ヘア＆メイク　堀内将男 [ZENKO 表参道店]
着付　宮林ちえみ [ZENKO 吉祥寺店]
袴レンタルセット ¥50,000／和風館
ICHI（京都丸紅）　髪飾り／ROSESOR

P102 *Style 43*

ヘア＆メイク　高橋亜季 [EMBELLIR]
着付　宮本菜見子 [EMBELLIR]
衣裳　Ondine
髪飾り ROSESOR

P104 *Style 44*

ヘア　赤井かおり [YOKOTA]
メイク　境井麻衣 [YOKOTA]
着付　横田勢津子 [YOKOTA]
衣裳　きものクリエイターはとり

P106 *Style 45*

ヘア　油井たかね [BiBi international]
メイク　外岡由麻 [BiBi delight]
着付　平井教美 [BiBi international]
衣裳　三松

P108 *Style 46*

ヘア　高澤喬子 [アトリエはるか]
メイク　佐藤敏俊 [アトリエはるか]
着付＆スタイリング　菊地咲絵
浴衣 ¥35,000、帯 ¥9,800、帯締め（帯
留め付き）¥9,800、髪飾り ¥4,200／
すべて撫松庵（新装大橋）

P110 *Style 47*

ヘア KOMAKI [GARDEN Tokyo]
メイク　横山ななみ [GARDEN Tokyo]

P112 *Style 48*

ヘア＆メイク　岩崎恵人 [FEERIE]
着付＆スタイリング　菊地咲絵
振袖 ¥130,000／きもの道楽（和風館
ICHI（京都丸紅）　袋帯 ¥70,000（和
風館 ICHI（京都丸紅）　半衿 ¥15,000、
伊達衿 ¥7,500、帯揚げ ¥18,000、帯締
め（参考商品）／和風館 ICHI（京都丸紅）
髪飾り／ROSESOR

P114 *Style 49*

ヘア　平山梢 [BiBi delight]
メイク　佐川友里 [BiBi aqueous]
着付　廣澤奈美子 [BiBi international]
衣裳　三松、ふりふ

P116 *Style 50*

ヘア＆メイク＆着付　高橋亜季
[EMBELLIR]
振袖一式レンタル ¥60,000／豆千代モ
ダン

P118 *Style 51*

ヘア　米澤ひとみ [ZENKO 八王子店]
メイク　平岩麻里衣 [ZENKO イトーヨーカ
ドー国領店]
着付　樫村雅美 [ZENKO 八王子アネックス店]
袴レンタルセット ¥50,000、半衿
¥10,000／すべて和風館 ICHI（京都丸
紅）　髪飾り／ROSESOR

P120 *Style 52*

ヘア＆メイク＆着付　鈴木富美子
[EMBELLIR]
衣裳　Ondine 渋谷店
髪飾り　ROSESOR

P122 *Style 53*

ヘア　赤井かおり [YOKOTA]
メイク　境井麻衣 [YOKOTA]
着付　横田勢津子 [YOKOTA]
衣裳　きものクリエイターはとり

P124 *Style 54*

ヘア　斉藤弘之 [ZA/ZA AOYAMA]
メイク　西岡詩織 [ZA/ZA MEJIRO]
着付　小宮万実 [ZA/ZA SHINJUKU]
衣裳　Ondine 新宿店
髪飾り　Milfelice（Milfelice Wedding）

Thanks all!

撮影協力サロンリスト

アトリエはるか
http://www.haruka.co.jp
TEL.03-5778-9700

ALBUM
https://www.album-hair.com
　ALBUM 銀座
　TEL.03-6263-0338
　ALBUM 原宿
　TEL.03-6433-5383
　ALBUM 新宿
　TEL.03-6457-8701

ANTI
https://anti-world.jp
TEL.03-5778-7111

apish
https://www.apish.co.jp
　apish cherie
　TEL.03-6228-6540
　apish ginZa
　TEL. 03-5537-6177

BiBi
http://bibi-i.com
　BiBi aqueous
　TEL.0422-21-1333
　BiBi delight
　TEL.0422-27-6827
　BiBi international
　TEL.0422-44-0744

BOTTOMS
http://bottoms-tokyo.jp
TEL.03-6427-9313

EMBELLIR
http://www.embellir.jp.net
TEL.03-6447-4263

FEERIE
http://www.feerie.jp
TEL.03-6222-2225

GARDEN
https://garden-hair.jp
　drive for garden
　TEL. 03-6274-5500
　GARDEN Tokyo
　TEL. 03-5537-5510

PearL
http://www.pearl-salon.com
TEL. 03-6455-3038

SHACHU
https://shachuhair.com
TEL. 03-6712-6993

TSUBOUCHI
http://www.t-tsubouchi.co.jp
TEL.06-6261-2188

YOKOTA
http://www.yokota-byg.co.jp
　新宿店
　TEL.03-3320-4225

ZACC
http://www.zacc.co.jp
　ZACC vie
　TEL.03-5468-5882

ZA/ZA
http://www.zaza-j.com
　ZA/ZA AOYAMA
　TEL.03-5778-4645
　ZA/ZA KAGURAZAKA
　TEL.03-3235-6080
　ZA/ZA MEJIRO
　TEL.03-3986-0405
　ZA/ZA SHINJUKU
　TEL.03-5362-7078

ZENKO
https://www.zenko-hair.com
　ZENKO 表参道店
　TEL.03-5413-5438
　ZENKO 吉祥寺店
　TEL.0422-21-4441
　ZENKO イトーヨーカドー国領店
　TEL.03-5497-1121
　ZENKO 八王子店
　TEL.042-644-9030
　ZENKO 八王子アネックス店
　TEL.042-648-8040

撮影協力企業一覧（五十音順）

アトリエ染花
https://www.atelier-senka.com
TEL.03-3499-8820

Ondine
https://www.ondine.jp
渋谷店
TEL.03-6418-9573
新宿店
TEL.03-5366-2111

きものクリエイターはとり
http://www.beauty-kimono-navi.com
TEL.025-757-8906

チバセイサクショ
https://chibaseisakusho.jp

撫 松 庵（新装大橋）
https://www.bushoan.co.jp
TEL.03-3661-0843

ふりふ（渋谷マルイ店）
TEL.03-4521-0515

豆千代モダン新宿店
http://www.mamechiyo.jp
TEL.03-6380-5765

三松
TEL.0120-033-330

Milfelice (Milfelice Wedding)
http://shop.milfcliccwedding.com
TEL.090-5564-3044

ROSESOR
https://www.rosesor.jp
TEL.0120-995-695

和の志よしおか
http://www.wanokokolo.jp
TEL.075-634-6277

和風館 ICHI（京都丸紅）
http://www.wafukan-ichi.jp
TEL.03-3409-8001

アップ・アレンジのアイデア手帖

2020 年 1 月 25 日 初版発行

定価 本体 2,800 円 + 税

発行人 寺口昇孝

発行所 株式会社女性モード社

https://www.j-mode.co.jp

東京／〒 161-0033 東京都新宿区下落合 3-15-27

TEL.03-3953-0111

FAX.03-3953-0118

大阪／〒 541-0043 大阪府大阪市中央区高麗橋 1-5-14-603

TEL.06-6222-5129

FAX.06-6222-5357

印刷・製本 三共グラフィック株式会社

ブックデザイン 石山沙蘭